눈이 편한
한글 2007

눈이 편한 **한글 2007**

ISBN 978-89-314-3959-5

독자님의 의견을 받습니다.

이 책을 구입한 독자님은 영진닷컴의 가장 중요한 비평가이자 조언가입니다. 저희 책의 장점과 문제점이 무엇인지, 어떤 책이 출판되기를 바라는지, 책을 더욱 알차게 꾸밀 수 있는 아이디어가 있으면 팩스나 이메일, 또는 우편으로 연락주시기 바랍니다. 의견을 주실 때에는 책 제목 및 독자님의 성함과 연락처(전화번호나 이메일)를 꼭 남겨 주시기 바랍니다. 독자님의 의견에 대해 바로 답변을 드리고, 또 독자님의 의견을 다음 책에 충분히 반영하도록 늘 노력하겠습니다.

이메일_ support@youngjin.com
주 소_ (주)153-778 서울특별시 금천구 가산디지털 1로 24 (가산동) 대륭 13차 10층 (주) 영진닷컴 기획1팀

만든 사람들

저자_김미영 | **기획**_기획1팀 | **총괄**_김태경 | **진행**_정미정
내지 디자인_영진닷컴 디자인팀 | **표지 디자인**_영진닷컴 디자인팀 임정원

이 책의 구성
i·n·t·r·o·d·u·c·t·i·o·n

이 책은 24차시로 이루어졌으며 다음과 같은 요소들로 구성되어 있습니다.

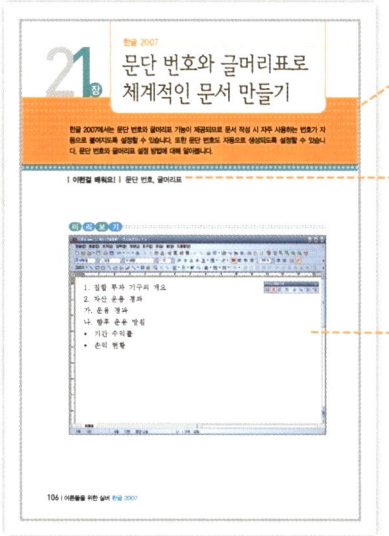

○ **배울 내용** | 각 차시에서 배우게 되는 내용에 대해 간략하게 설명하고 학습 방향을 제시합니다.

○ **이런걸 배워요!** | 따라하기를 통해 어떤 기능을 학습하게 될지 간략하게 살펴봅니다. 배울 내용을 미리 알아두면 훨씬 쉽고 재미있게 학습할 수 있습니다.

○ **미리보기** | 각 차시에서 배우게 되는 예제의 완성된 모습을 미리 확인할 수 있습니다.

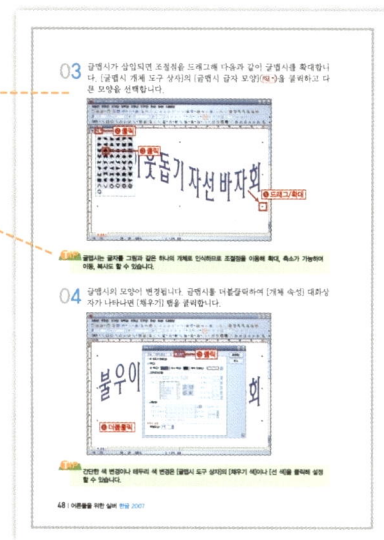

따라하기 | 예제를 만드는 과정과 방법을 순서대로 ○ 보면서 쉽게 따라할 수 있습니다.

TIP | 본문에서 설명하지 않은 내용 중 중요하거나 ○ 알아두면 좋은 내용 등을 정리하였습니다.

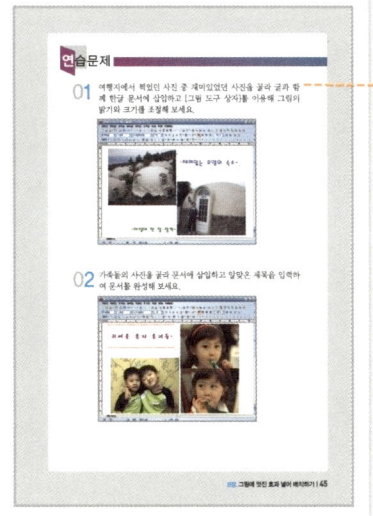

○ **연습문제** | 해당 차시에서 배운 내용을 토대로 좀더 응용된 예제를 조금씩 다른 난이도로 만들어 배운 기능을 한 번 더 다질 수 있도록 하였습니다.

이 책의 목차 c·o·n·t·e·n·t·s

01_장 한글 2007과 인사하기

문서 편집을 위한 다양하고 강력한 기능을 가진 한글 2007을 실행해보고 화면 구성 요소들에 대해 알아봅니다. 또 텍스트 데이터를 입력하고 삭제하는 기초 입력 기능을 연습해봅니다.

❘ 이런걸 배워요! ❘ 한글 2007 실행/종료, 데이터 입력

미 리 보 기

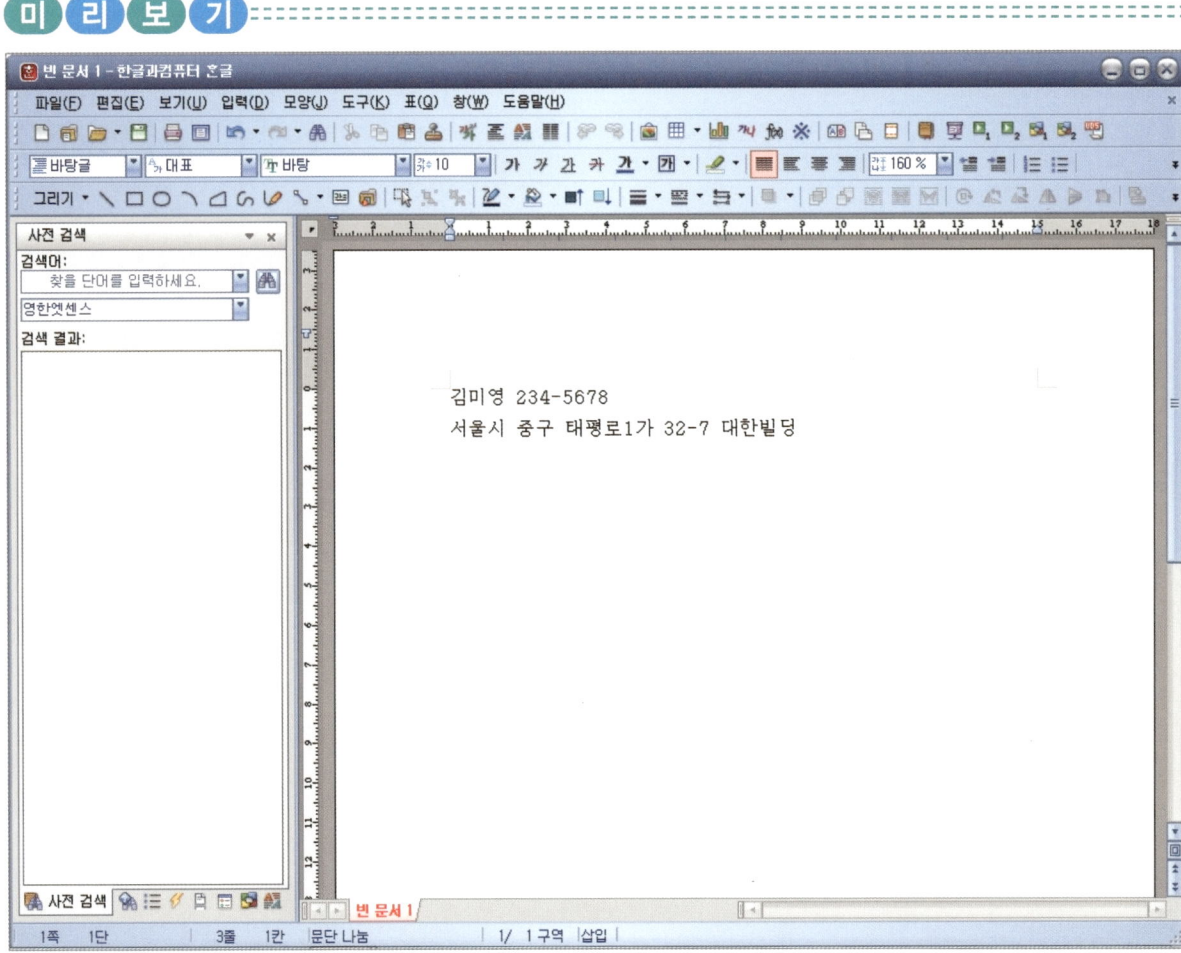

01 [시작] 단추를 클릭한 후 [모든 프로그램]–[한글과컴퓨터 한글 2007]을
클릭합니다.

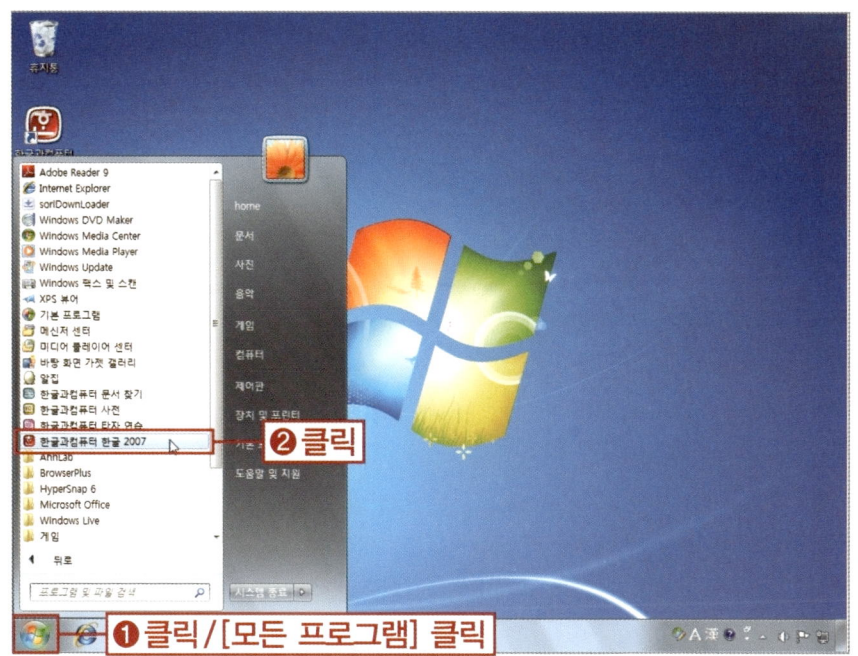

TIP 바탕 화면에 한글 2007의 바로 가기 아이콘(🖥)이 있으면 더블클릭해 실행하도록 합니다.

02 한글 2007 프로그램이 실행됩니다.

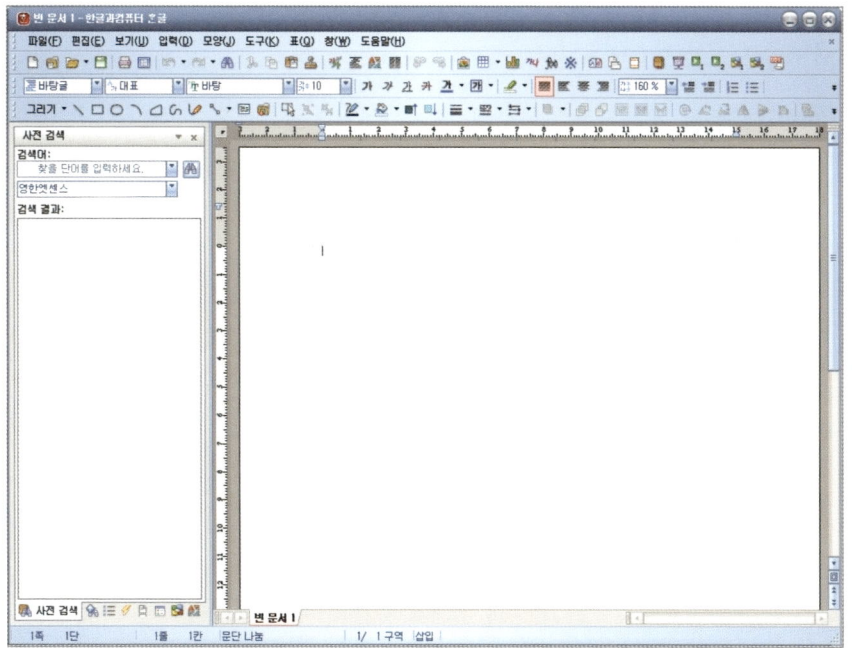

TIP 작업 창이나 쪽 윤곽 등의 모양은 설정에 따라 다르게 보일 수 있습니다.

03 첫 줄에 이름과 전화번호를 입력하고 Enter 를 누릅니다. 둘째 줄에 주소를 입력합니다.

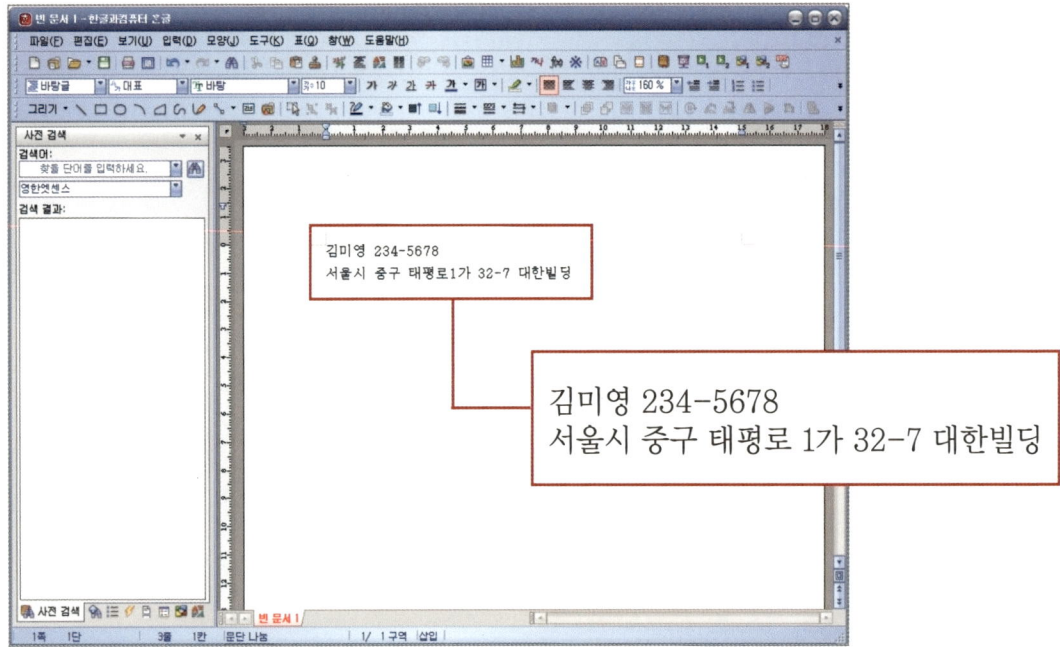

김미영 234-5678
서울시 중구 태평로 1가 32-7 대한빌딩

TIP 입력 도중에 잘못 입력하였을 경우에는 키보드의 백스페이스(←)를 누르면 커서 왼쪽으로 한 글자씩 삭제됩니다.

04 전화번호 첫 글자를 클릭해 커서를 놓습니다. 키보드의 Insert 를 누른 후 숫자를 바꾸어 입력합니다.

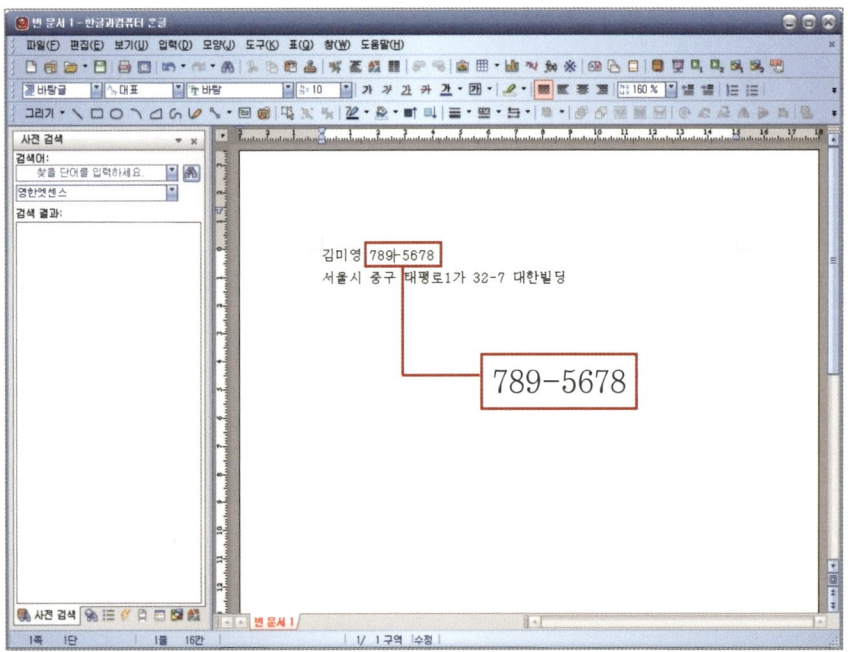

789-5678

TIP Insert 를 한 번 누르면 작업 표시줄의 [삽입]이 [수정]으로 바뀌면서 새로 내용을 입력하면 기존의 글자가 지워집니다. 다시 Insert 를 누르면 [삽입] 상태로 바뀌므로 내용을 입력하면 커서 위치에 내용이 입력되면서 기존의 글자는 뒤로 밀립니다.

05 프로그램을 종료하기 위해 제목 표시줄 오른쪽의 [닫기](⊠)를 클릭합니다.

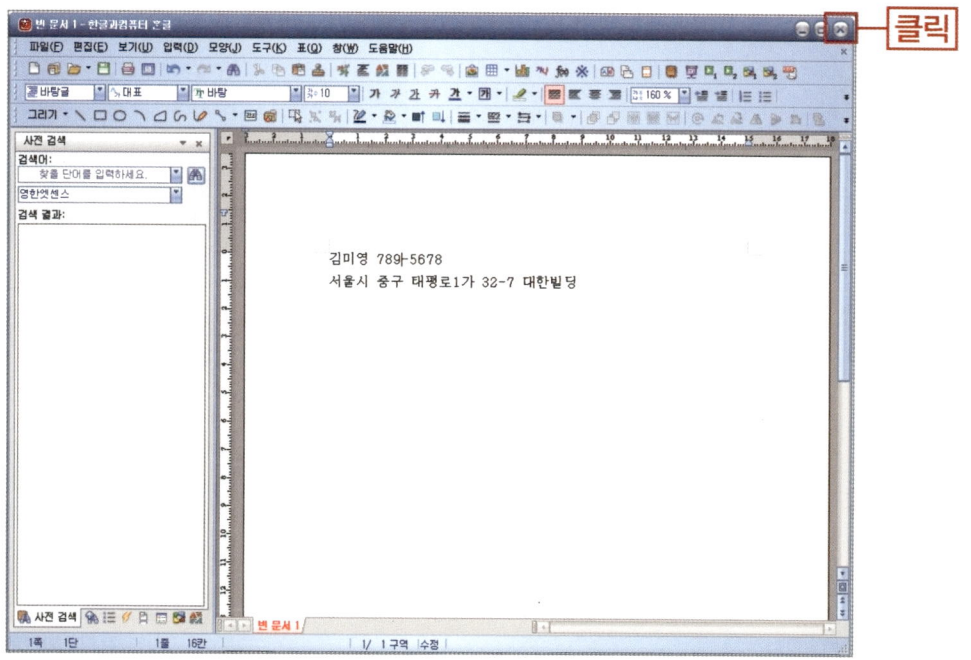

TIP 메뉴 표시줄 오른쪽의 [닫기](⊠)를 클릭하면 프로그램은 종료하지 않고 현재 문서만 닫을 수 있습니다.

06 문서를 저장할지 묻는 대화상자가 나타나면 [저장 안 함]을 클릭합니다.

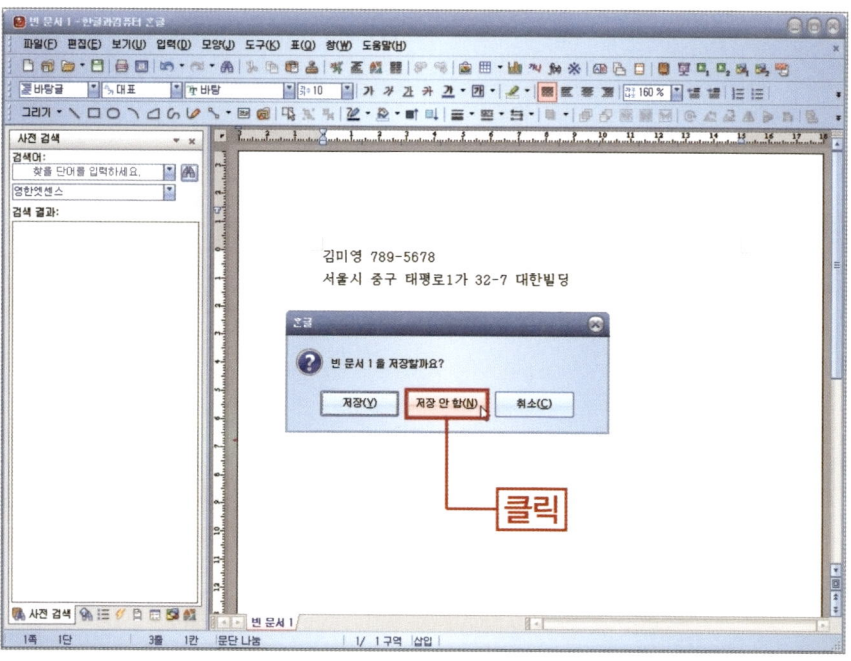

TIP 워드프로세서란 문서 작성을 목적으로 만들어진 프로그램입니다. 대표적인 것이 한글 2007이고, 마이크로소프트 사에서 만든 워드 2007, 훈민워드 등이 있습니다.

연습문제

01 바탕 화면에서 [한글 2007]의 바로 가기 아이콘을 이용해 한글 2007 프로그램을 실행한 후 [닫기](❎)를 클릭해 종료해 보세요.

02 [시작] 메뉴를 이용해 한글 2007 프로그램을 실행하고 다음과 같은 내용을 입력해 보세요.

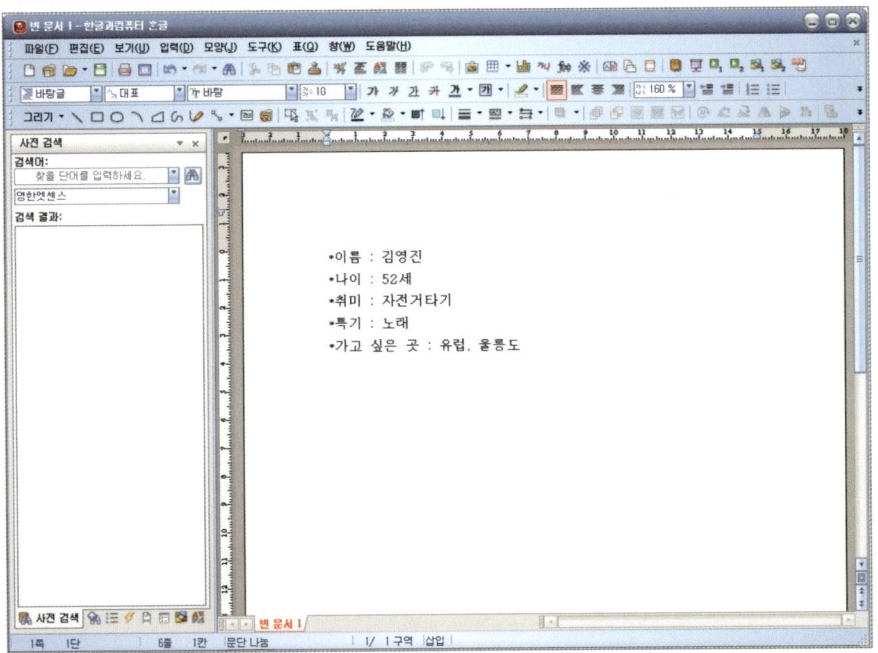

02장 큰 글씨로 문서 작성하고 저장하기

글자 크기를 내용에 맞고 보기 좋도록 설정해보고 작성된 문서를 원하는 위치에 저장해봅니다.
또 저장된 문서를 불러오는 방법에 대해 알아봅니다.

| 이런걸 배워요! | 글자 크기 설정, 저장하기, 불러오기

미리보기

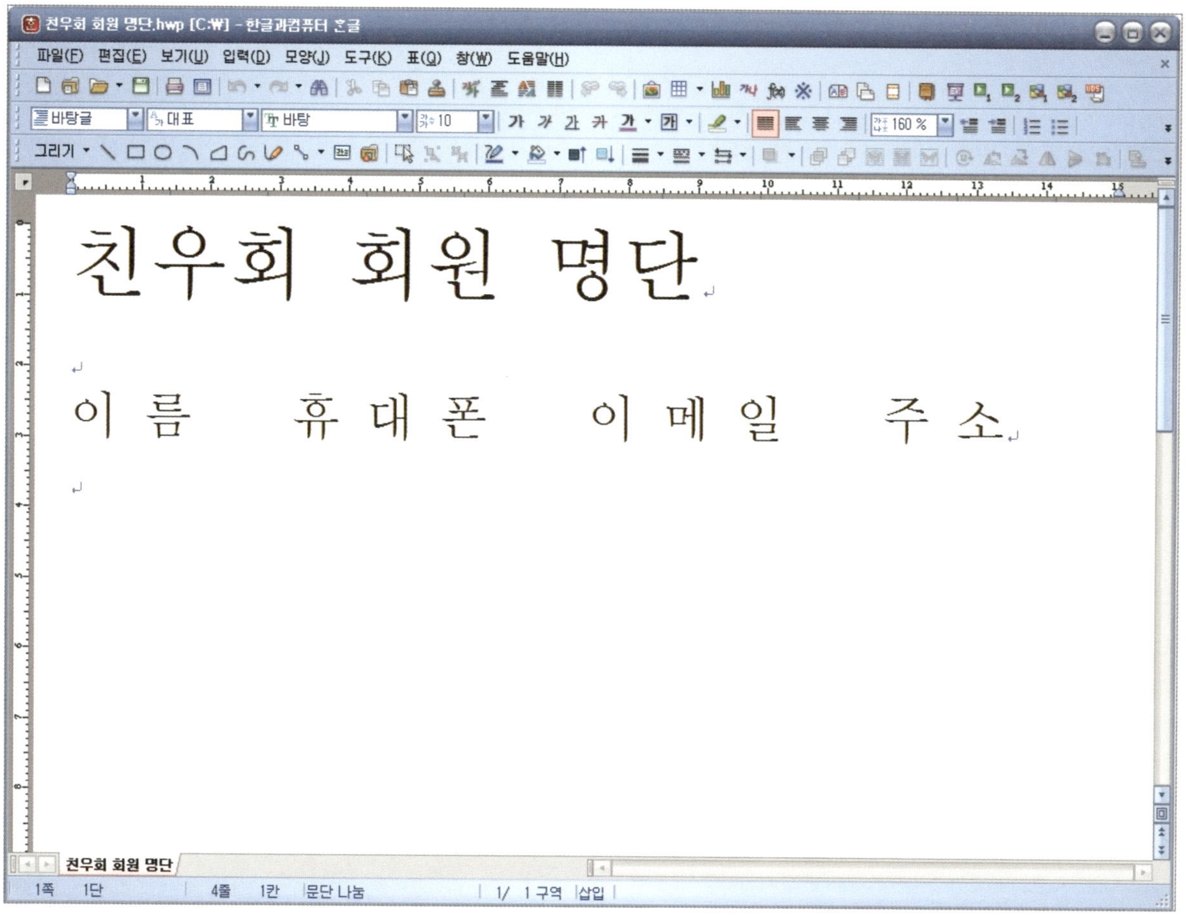

친우회 회원 명단.hwp [C:\] - 한글과컴퓨터 한글

파일(F) 편집(E) 보기(U) 입력(D) 모양(J) 도구(K) 표(Q) 창(W) 도움말(H)

바탕글   대표   바탕   10   가 가 가 가 가 · 개 ·   · 160 %

친우회 회원 명단

이름   휴대폰   이메일   주소

친우회 회원 명단

1쪽   1단   4줄   1칸   문단 나눔   1/ 1 구역 삽입

01 작업 창 상단의 [닫기]()를 클릭해 열린 작업 창을 하나씩 모두 닫습니다.

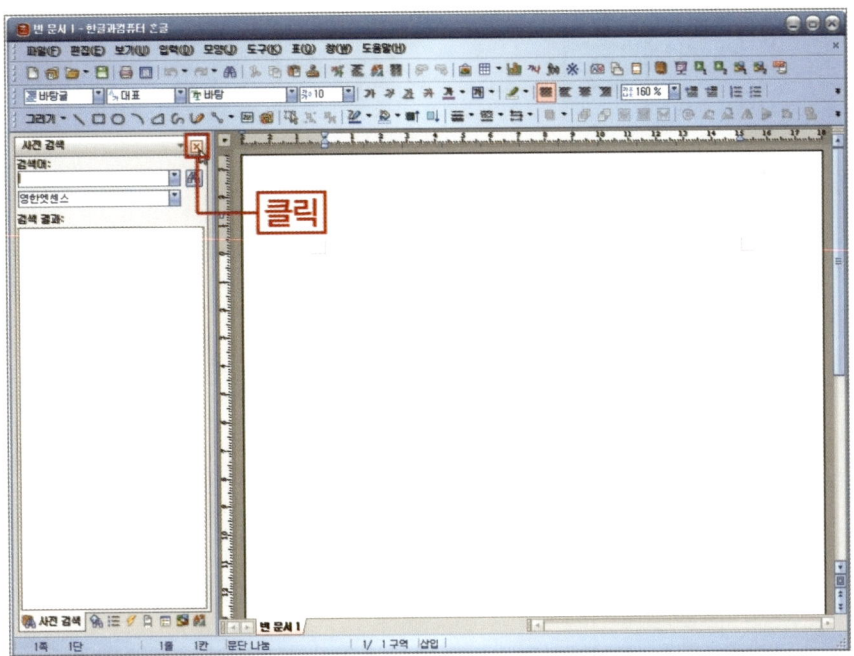

클릭

> **TIP** 작업 창은 필요할 때 [보기] 메뉴의 [작업 창]에서 다시 선택해 열 수 있습니다.

02 [보기] 메뉴를 클릭하고 [쪽 윤곽]을 클릭해 선택을 해제합니다. 다시 [보기] 메뉴를 클릭하고 [문단 부호]를 클릭해 문단 부호를 선택합니다.

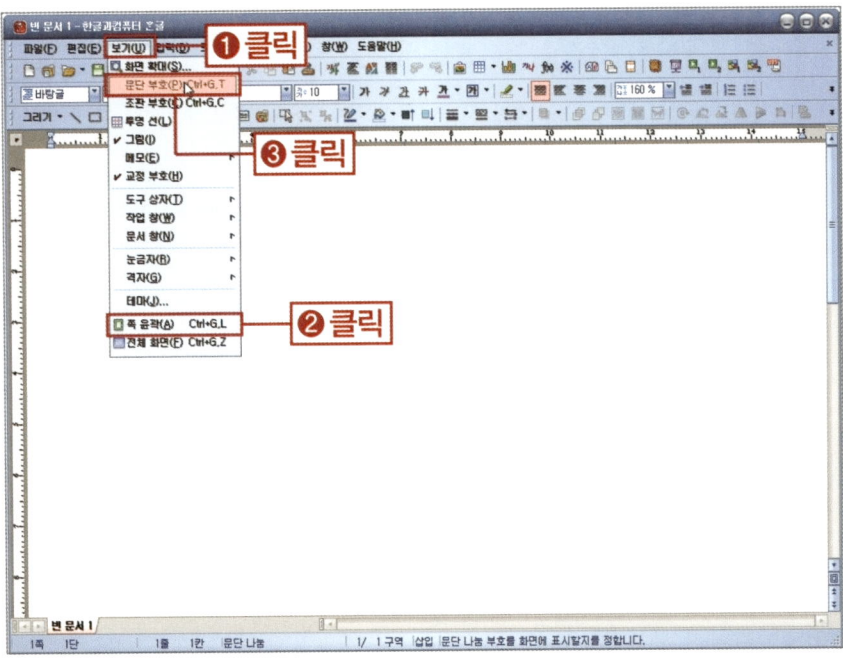

❶ 클릭

❸ 클릭

❷ 클릭

> **TIP** 작업 공간을 넓히기 위해 쪽 윤곽은 보이지 않도록 설정했습니다. [쪽 윤곽]과 [문단 부호]는 메뉴를 다시 클릭하여 선택을 해제하거나 다시 선택할 수 있습니다.

03 다음과 같이 내용을 입력합니다. 첫 줄을 드래그해 범위를 지정한 후 [글자 크기]의 목록 단추를 클릭하고 '32'를 선택합니다.

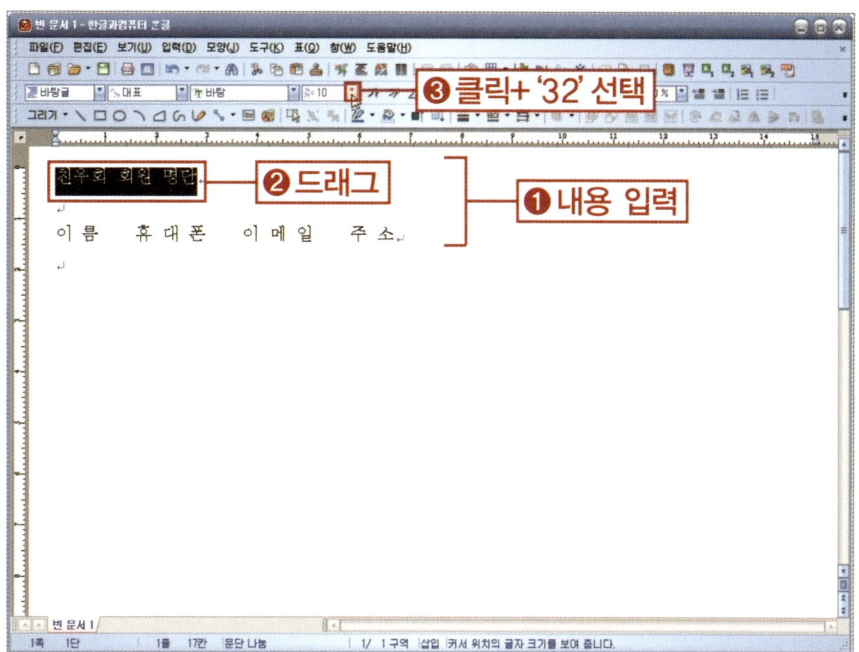

04 다시 아래 줄을 드래그해 범위를 지정한 후 [글자 크기]의 목록 단추를 클릭하고 '20'을 선택합니다.

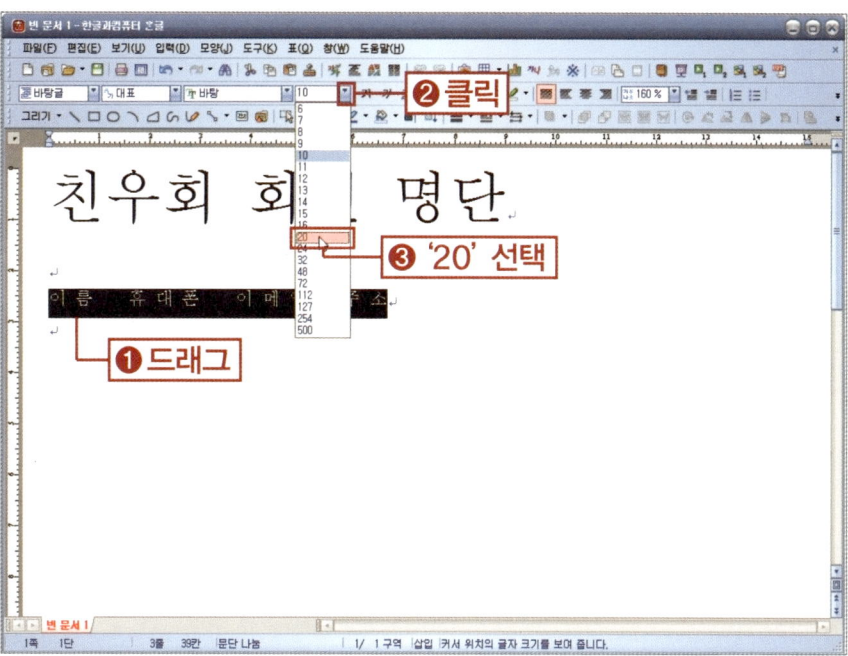

05 기본 도구 상자에서 [저장하기](📙)를 클릭합니다. [다른 이름으로 저장하기] 대화상자가 나타나면 [저장 위치]의 목록 단추를 클릭해 저장할 위치를 선택합니다. 파일 이름을 입력한 후 [저장]을 클릭합니다.

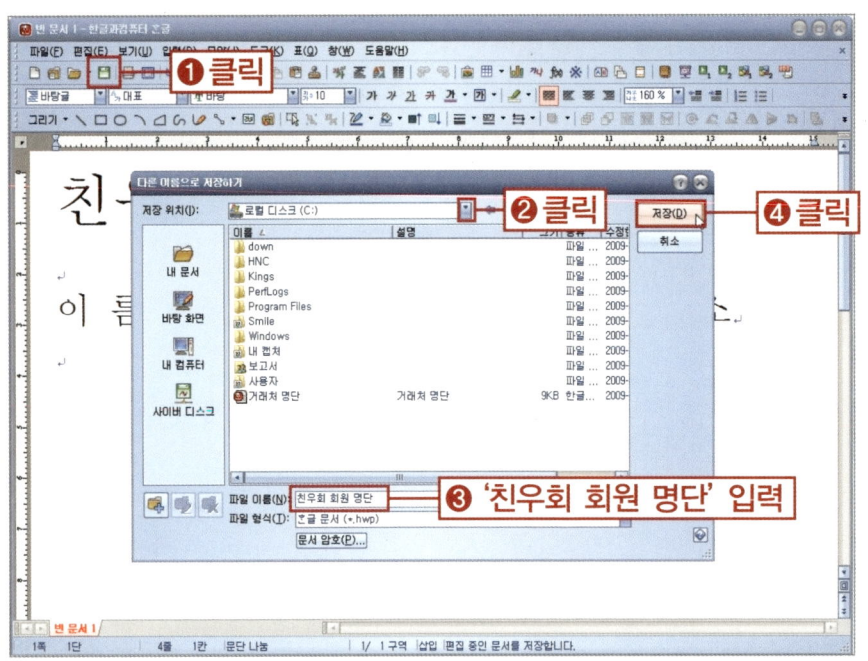

TIP [다른 이름으로 저장하기] 대화상자에서 [새 폴더 만들기](🗀)를 클릭하면 새로운 폴더를 만들어 저장할 수 있습니다.

06 메뉴 표시줄 끝의 [닫기](❌)를 클릭해 저장된 문서를 닫습니다. 메뉴 표시줄의 [불러오기](📁)를 클릭한 후 [불러오기] 대화상자에서 저장했던 문서를 찾아 선택합니다. [열기]를 클릭해 문서를 엽니다.

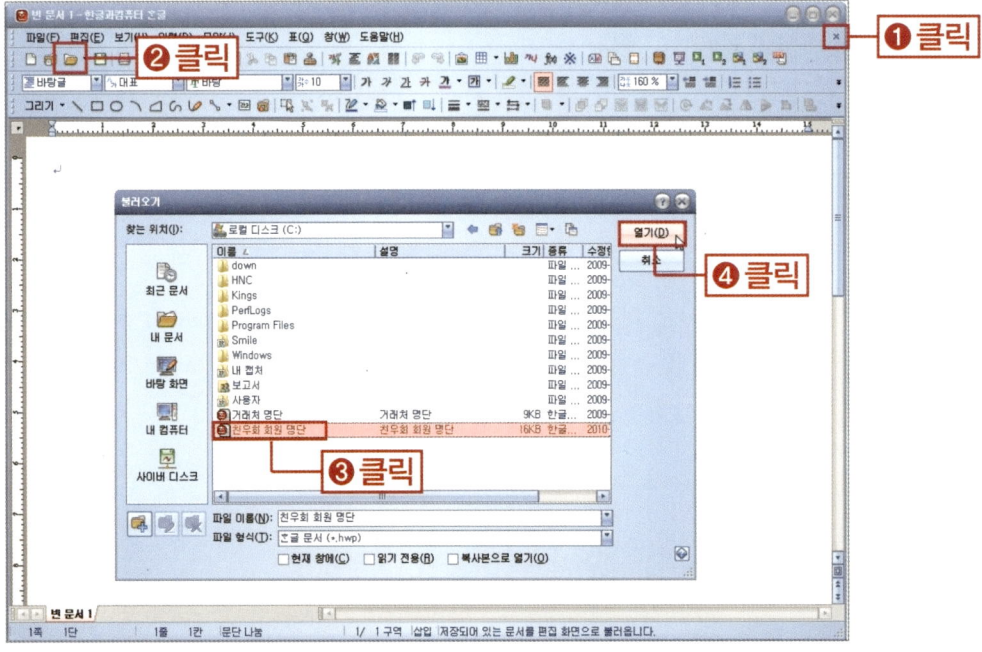

연습문제

01 새 문서에서 다음과 같이 내용을 입력한 후 '5월 모임 일정' 이라는 이름으로 저장하고 문서를 닫아 보세요.

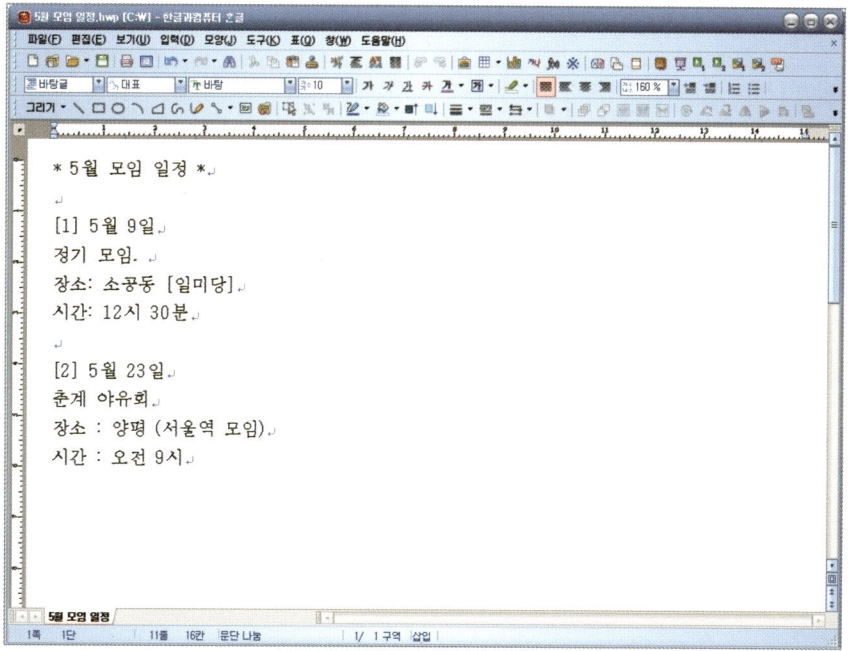

02 위 1번에서 저장한 문서를 불러온 후 다음과 같이 글자 크기를 수정하고 다시 저장해 보세요.

• **제목** – 글자 크기 20 • **소제목** – 글자 크기 15 • **본문** – 글자 크기 12

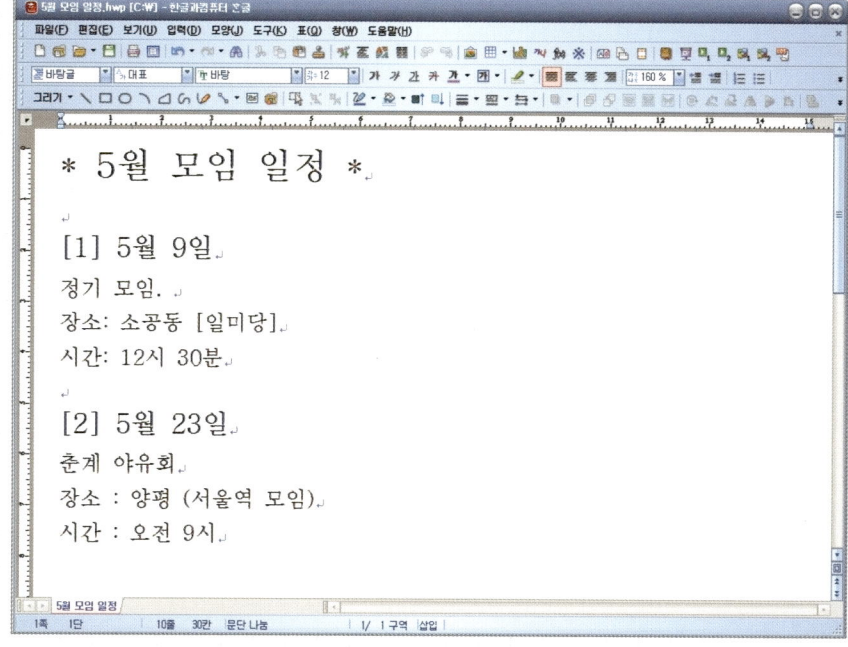

03장 입력된 문서 세련되게 꾸미기

선택한 글자를 원하는 색으로 변경하고 형광펜이나 밑줄, 굵은 글씨, 글자 테두리 등의 기능을 이용해 멋진 모양으로 강조하고 꾸며 봅니다.

| 이런걸 배워요! | 글꼴, 형광펜, 밑줄, 글자 테두리

미 리 보 기

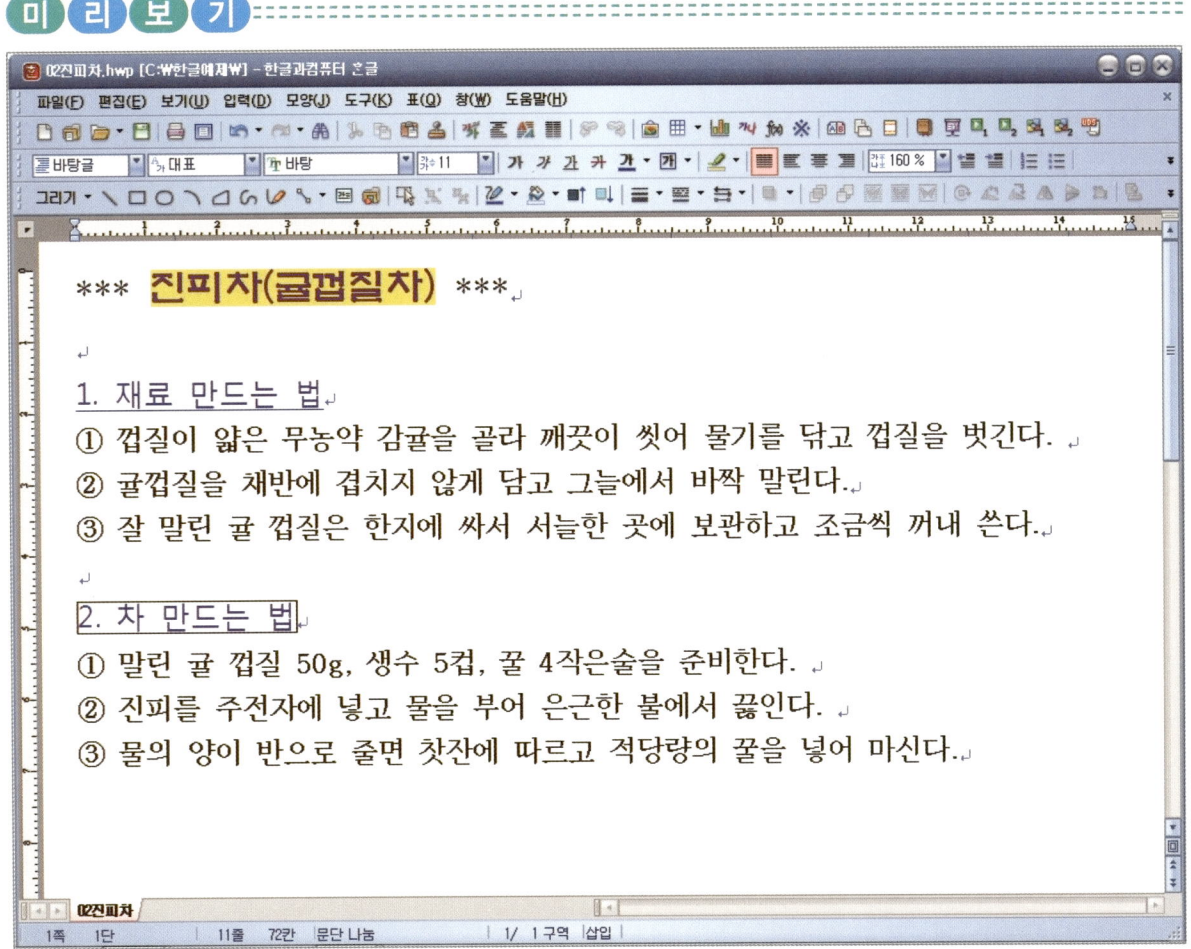

01 새 문서를 열고 다음과 같이 내용을 입력합니다. 글자 크기를 제목은 '15', 소제목은 '12' 내용은 '11'로 각각 설정합니다.

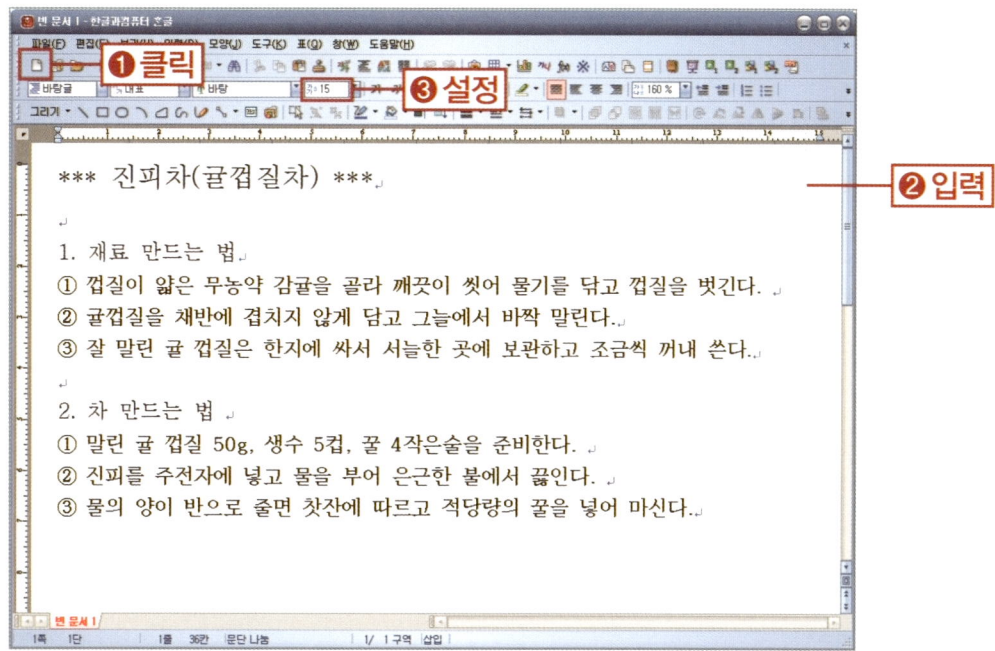

02 제목을 드래그하여 범위 지정한 후 [글꼴]의 목록 단추를 클릭하고 '휴먼옛체'를 선택합니다.

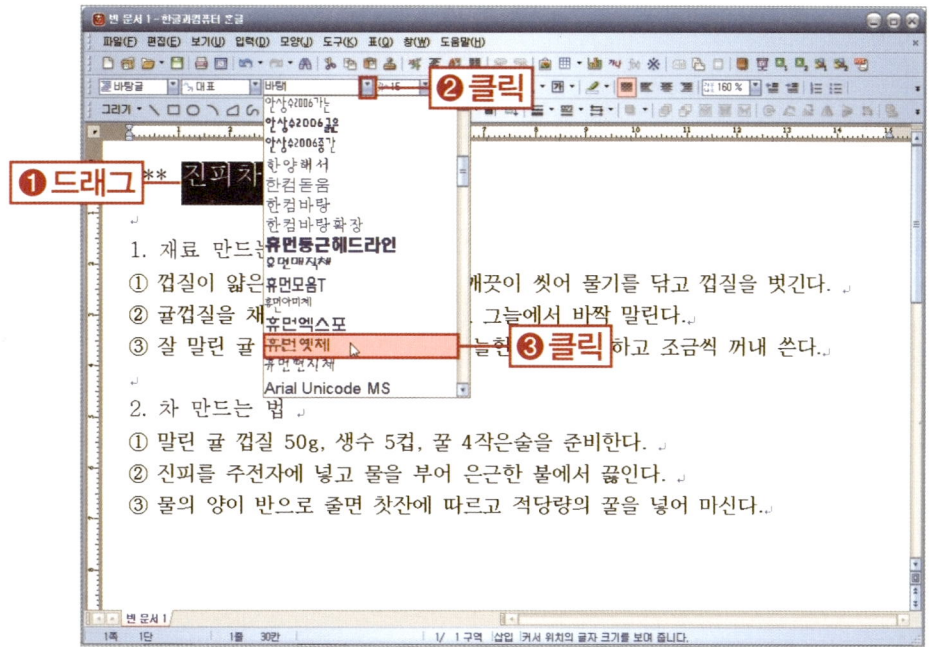

03 다시 [글자 색]의 목록 단추를 클릭하고 '보라'를 선택합니다.

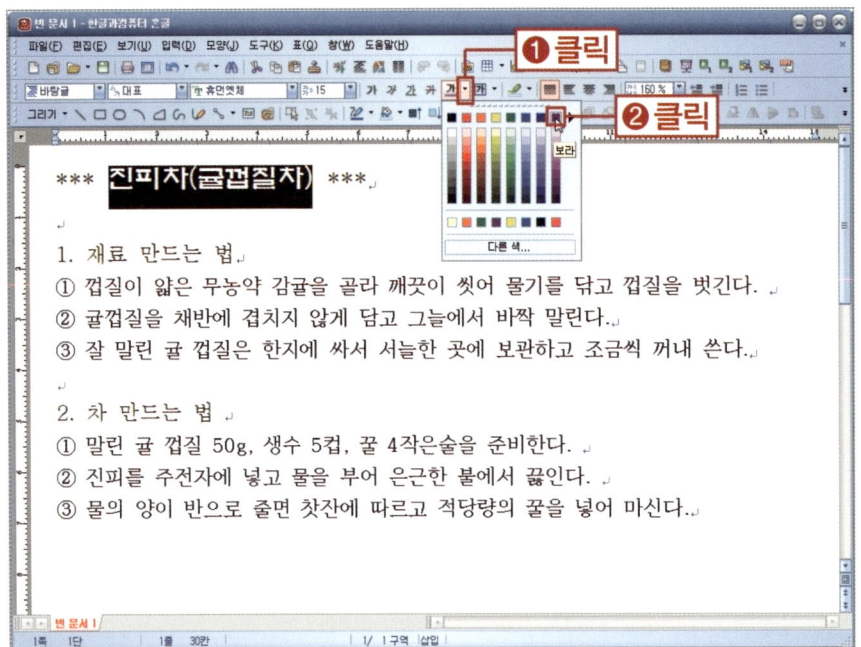

04 소제목을 각각 드래그하여 범위 지정하고 [글꼴]을 '맑은 고딕'으로, [글자 색]을 '남색'으로 선택합니다.

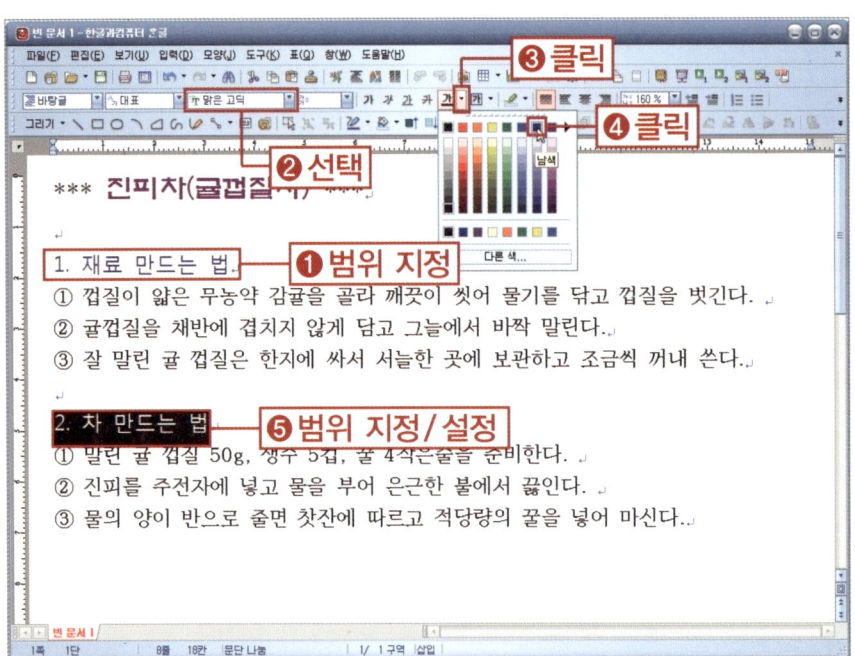

05 제목을 드래그하여 범위 지정한 후 [형광펜]의 목록 단추를 클릭하고 '노랑'을 선택합니다.

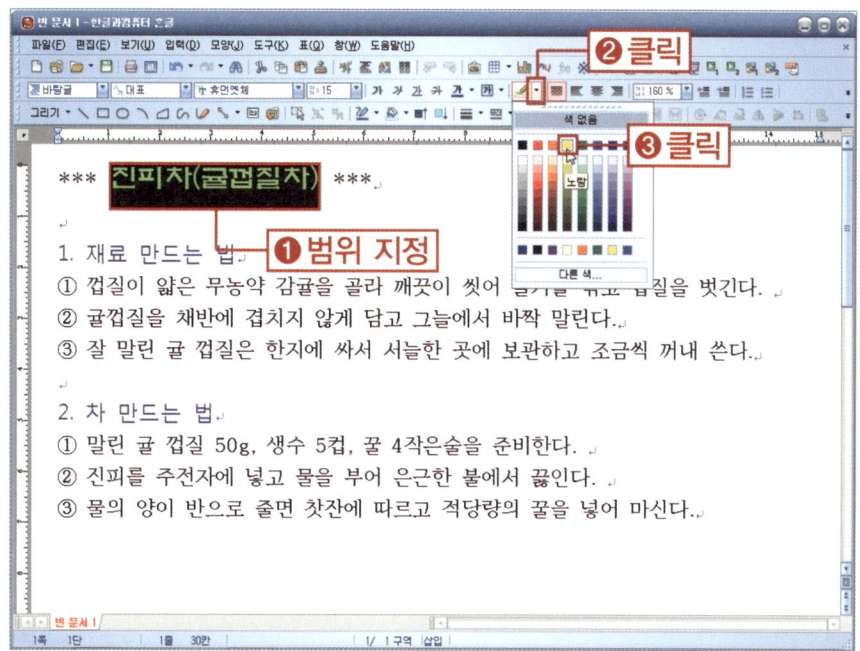

TIP 형광펜 기능은 인쇄 시에 별도로 인쇄 설정을 해야 인쇄됩니다. 또 [색 없음]을 선택하면 선택을 해제할 수 있습니다.

06 '1. 재료 만드는 법'을 드래그하여 범위를 지정한 후 [밑줄]을 클릭합니다. 다시 '2. 차 만드는 법'을 드래그하고 [글자 테두리]를 클릭한 후 '단선'을 선택합니다.

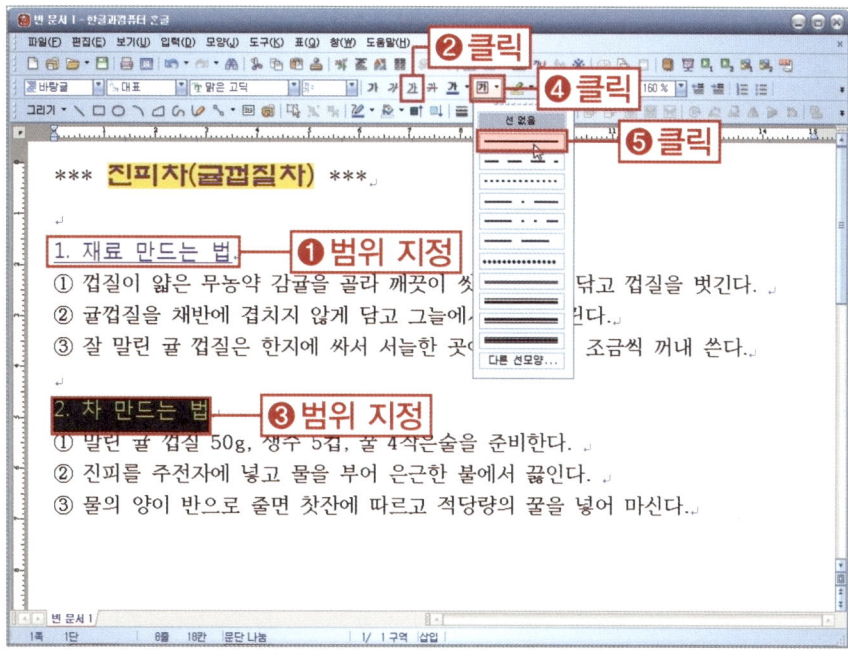

연습문제

01 내용을 입력하고 다음과 같이 글자 모양을 꾸며 보세요.

- **제목** – 글자 크기 : 15 | 글자 색 : 녹색, 남색, 주황 | 글꼴 : 휴먼엑스포
- **소제목** – 글자 크기 : 14 | 글자 색 : 파랑, 남색 | 글꼴 : 휴먼매직체 | 글자 테두리 : 단선 | 형광펜
- **본문** – 글자 크기 : 12 | 글꼴 : 돋움

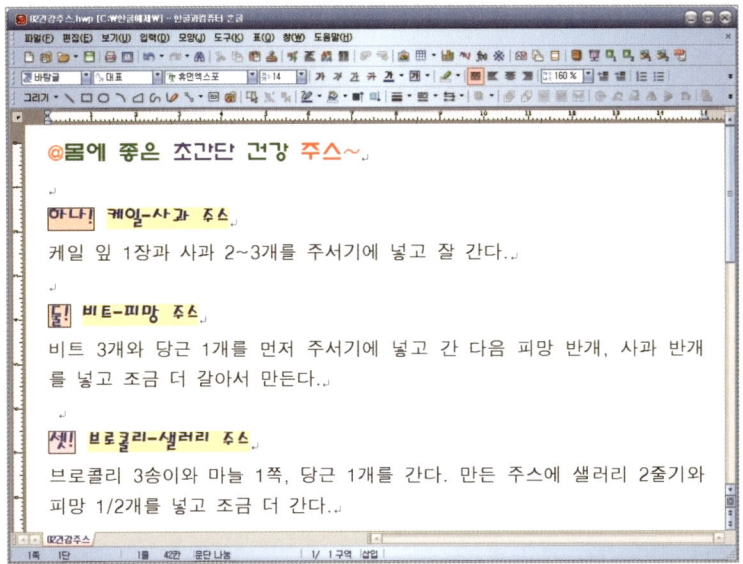

02 내용을 입력하고 다음과 같이 글자 모양을 꾸며 보세요.

- **제목** – 글자 크기 : 16 | 글자 색 : 보라 | 글꼴 : HY엽서M | 형광펜 | 글자 테두리 : 이중선 | 형광펜
- **소제목** – 글자 크기 : 13 | 글자 색 : 파랑 | 진하게
- **본문** – 글자 크기 : 10 | 형광펜

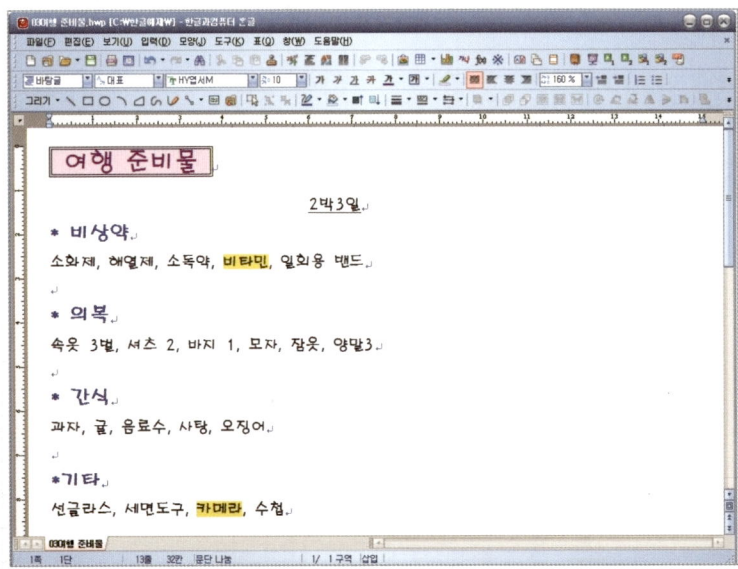

04장 문서마당으로 손쉽게 문서 만들기

한글 2007의 문서마당은 일상생활이나 업무에서 자주 사용되는 문서 양식들을 미리 보기 좋게 여러 가지 모양으로 만들어 종류별로 제공하는 꾸러미입니다. 만들기 어려운 표나 그림 등 다양한 형식의 문서를 이용해 손쉽게 나만의 문서로 만들어 봅니다.

▌ 이런걸 배워요! ▌ 문서마당

미 리 보 기

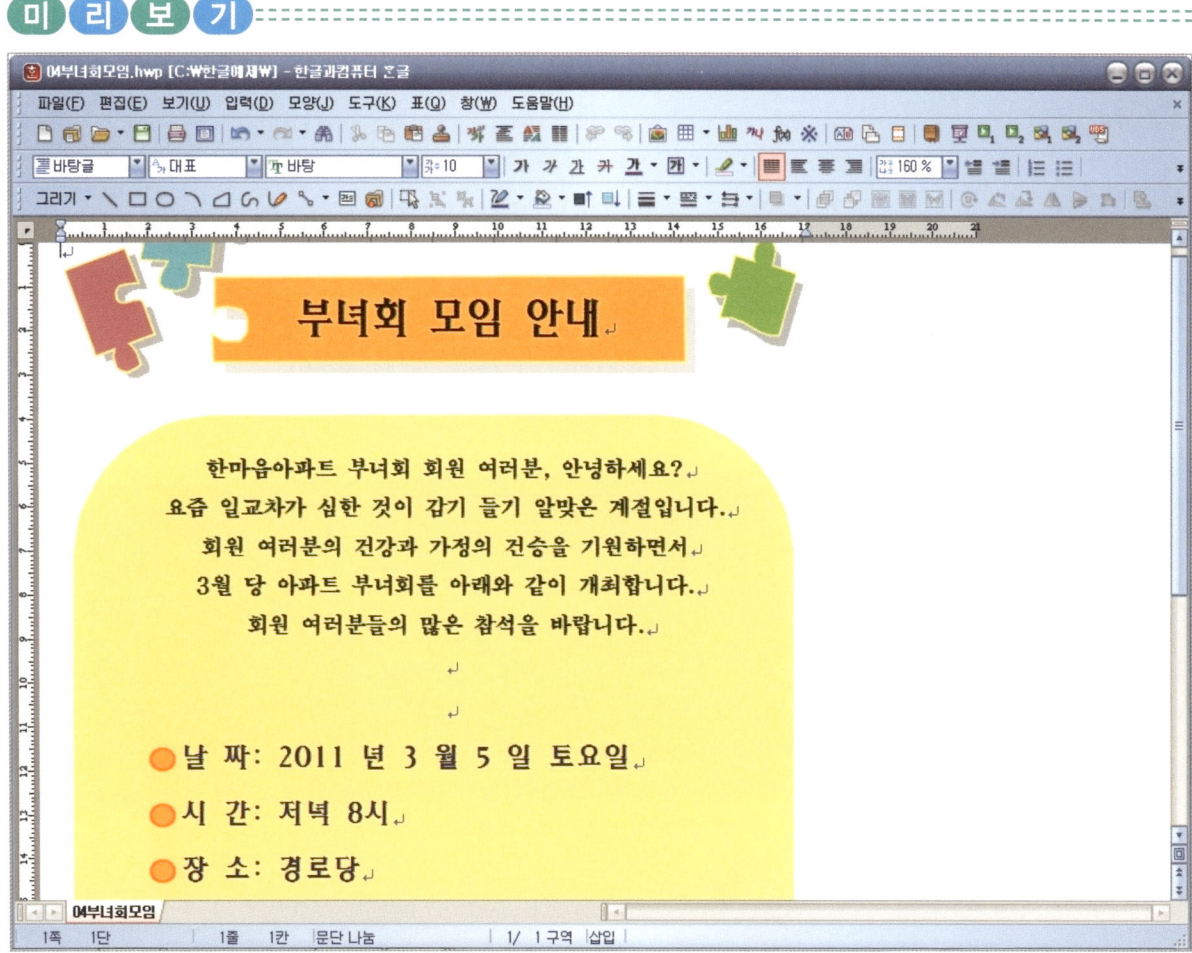

01 [기본 도구 상자]에서 [문서마당](📄)을 클릭합니다. [문서마당] 대화상자가 나타나면 [문서마당 꾸러미] 탭의 [광고지 문서]에서 [부녀회 모집 안내]를 선택한 후 [열기]를 클릭합니다.

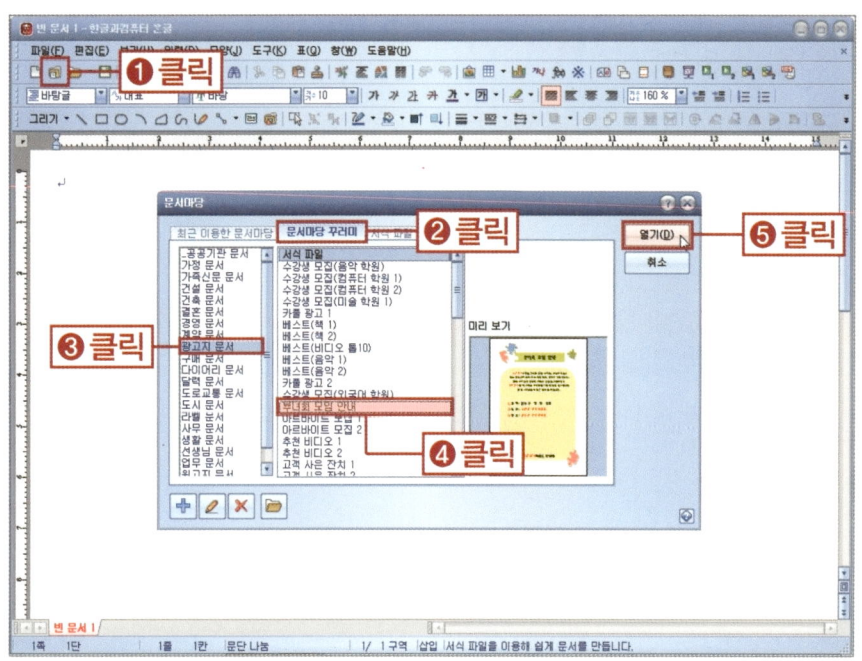

TIP 한글 2007 꾸러미 팩을 추가로 설치하지 않은 경우에는 문서 꾸러미가 일부만 제공될 수 있습니다.

02 빨간색의 '이름 입력'이라고 된 부분을 클릭합니다.

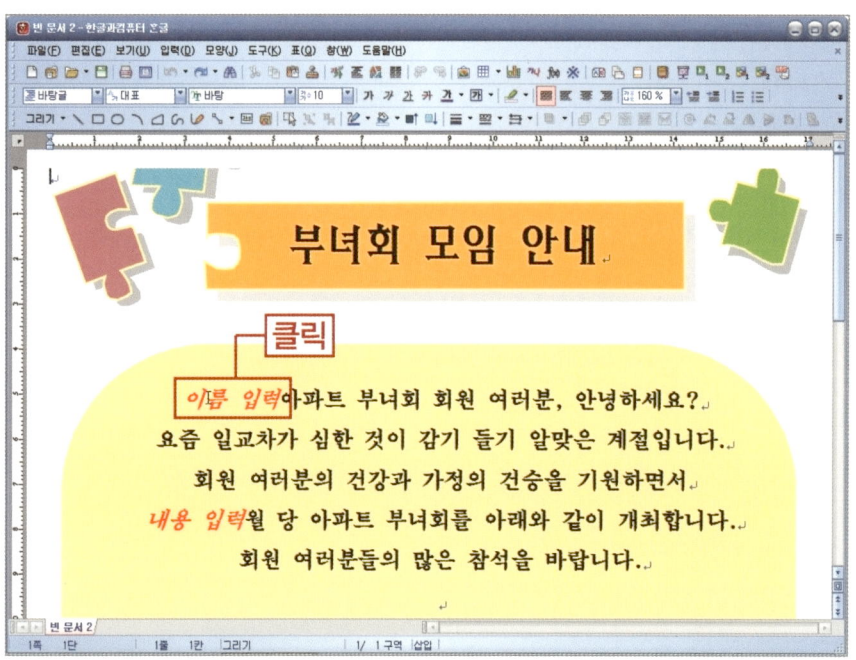

TIP 빨간색 부분은 사용자가 각자 필요한 내용을 입력할 수 있도록 누름틀로 만들어져 있습니다.

03 커서가 생기면 내용을 입력합니다. 아래쪽 '내용'도 클릭한 후 알맞은 글을 입력합니다.

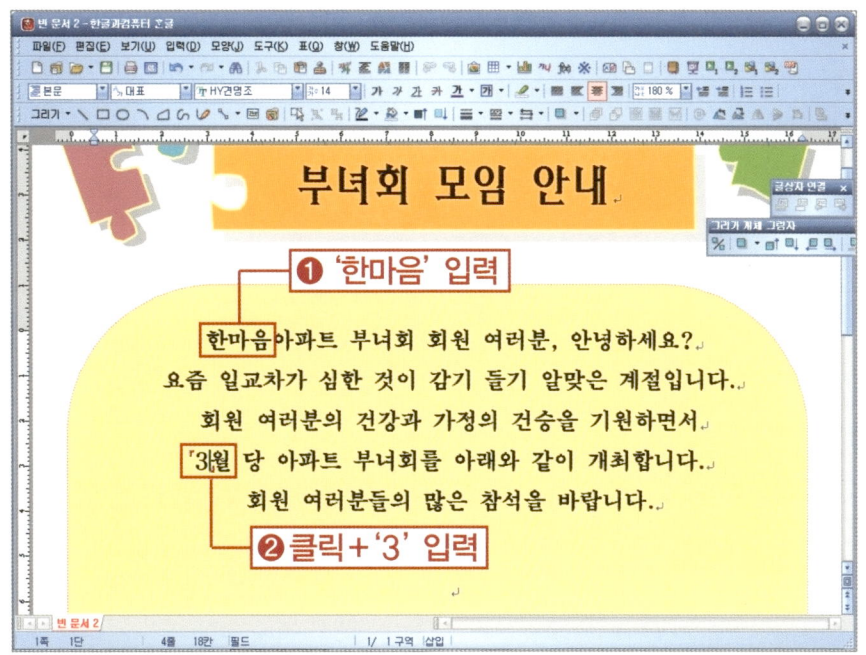

04 아래쪽으로 화면을 이동한 후 날짜와 시간, 장소 등을 입력해 문서를 완성합니다.

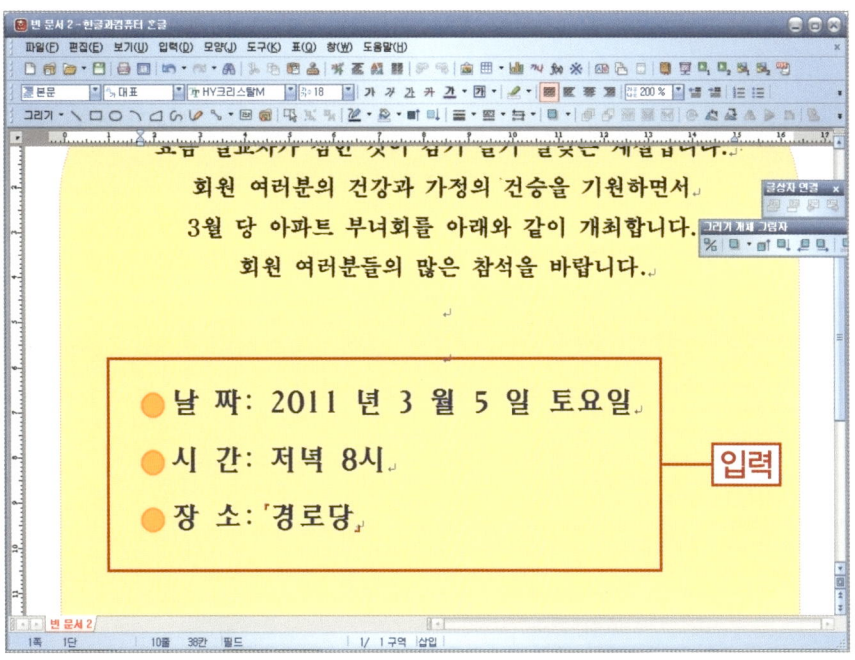

연습문제

01 문서마당 꾸러미의 [생활 문서]에서 [메모지]를 삽입하고 용도에 따라 내용을 입력해 보세요.

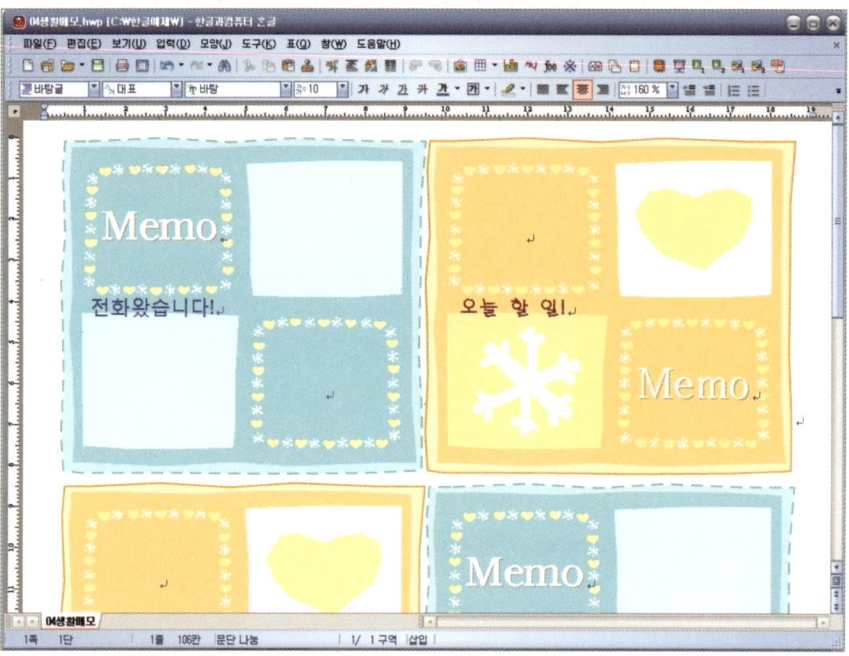

02 문서마당 꾸러미의 [라벨 문서]에서 [명함 용지]를 삽입하고 내용을 입력해 명함을 완성해 보세요.

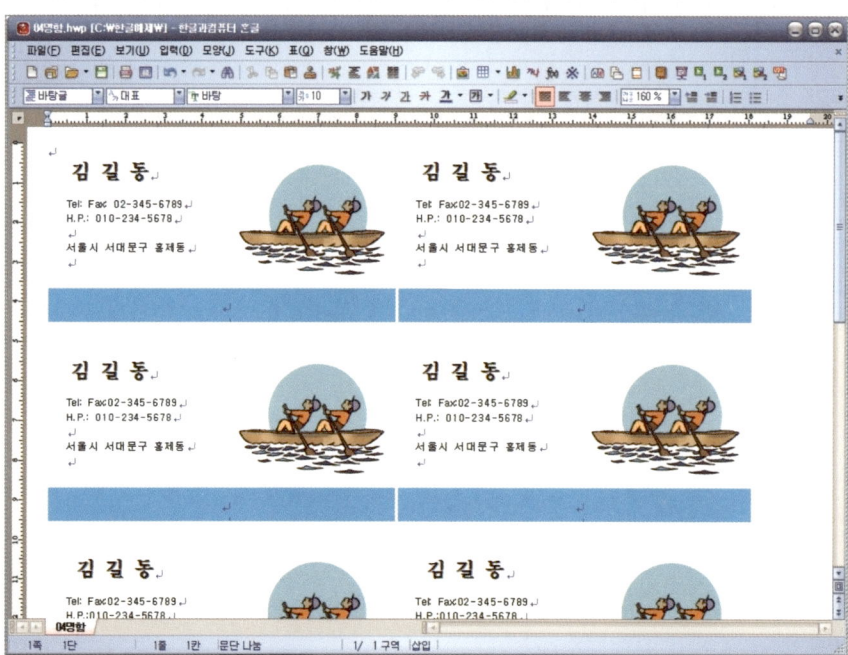

한글 2007

복사, 정렬 기능으로 문서 편집 박사 되기

반복되는 내용을 복사해 붙이면 같은 내용을 계속 입력하지 않아도 되므로 시간도 절약되고 정확한 내용의 문서를 만들 수 있습니다. 또한 정렬 기능을 이용하면 사용자가 원하는 모양으로 깔끔하게 내용을 정리할 수 있습니다. 이러한 문서 편집 기능에 대해 알아봅니다.

| 이런걸 배워요! | 정렬, 복사하기, 붙여넣기, 지우기

미 리 보 기

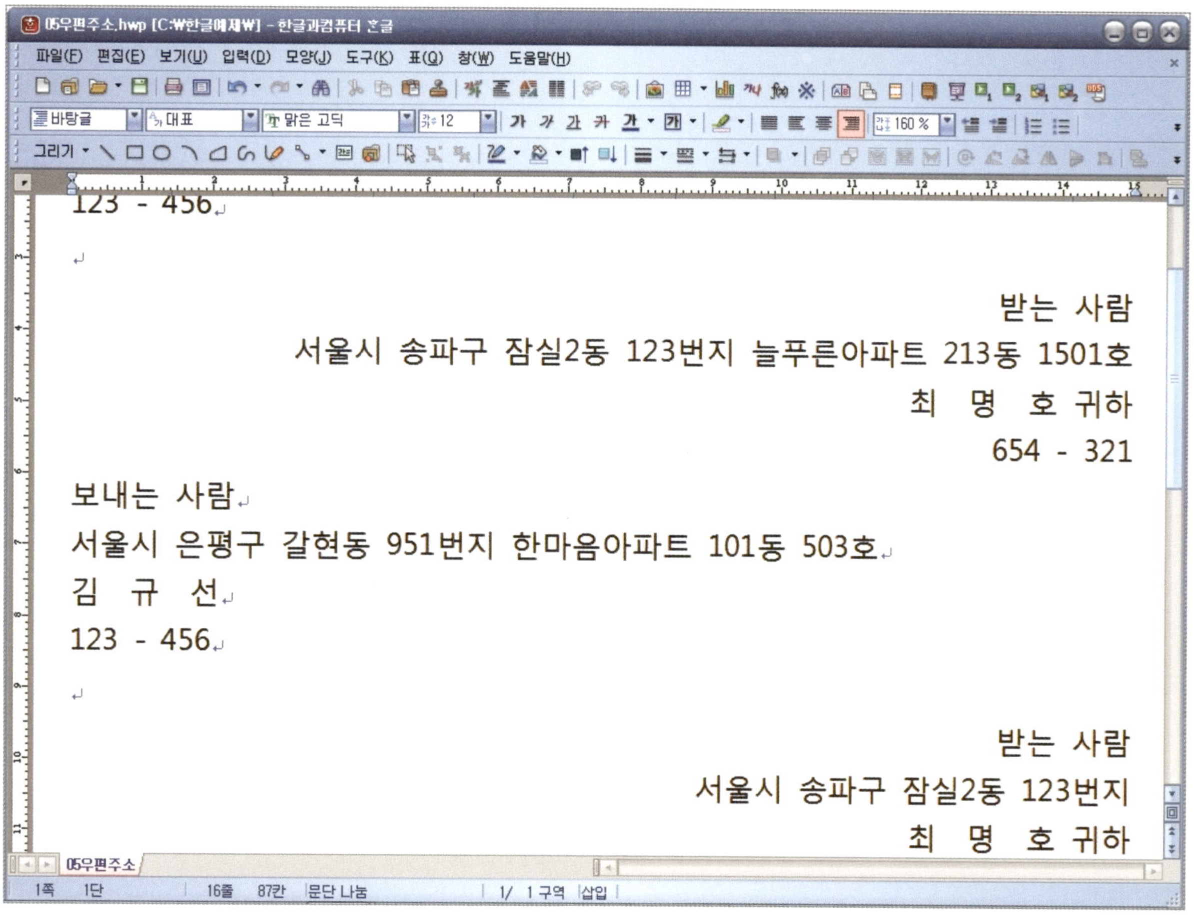

```
05우편주소.hwp [C:\한글예제\] - 한글과컴퓨터 한글

파일(F)  편집(E)  보기(U)  입력(D)  모양(J)  도구(K)  표(Q)  창(W)  도움말(H)

바탕글      대표      맑은 고딕      12      가 가 가 카 가 · 캐 · 노 · 를 를 를 를      값 160 %

그리기 ·


        123 - 456

                                                      받는 사람
                        서울시 송파구 잠실2동 123번지 늘푸른아파트 213동 1501호
                                                  최 명 호 귀하
                                                    654 - 321

        보내는 사람
        서울시 은평구 갈현동 951번지 한마음아파트 101동 503호
        김 규 선
        123 - 456


                                                      받는 사람
                                        서울시 송파구 잠실2동 123번지
                                                  최 명 호 귀하

05우편주소

1쪽    1단        16줄    87칸    문단 나눔              1/ 1 구역   삽입
```

01 우편물용 주소를 다음과 같이 입력하고 전체를 범위 지정한 후 '맑은 고딕', '12' 포인트로 글자 모양을 설정합니다.

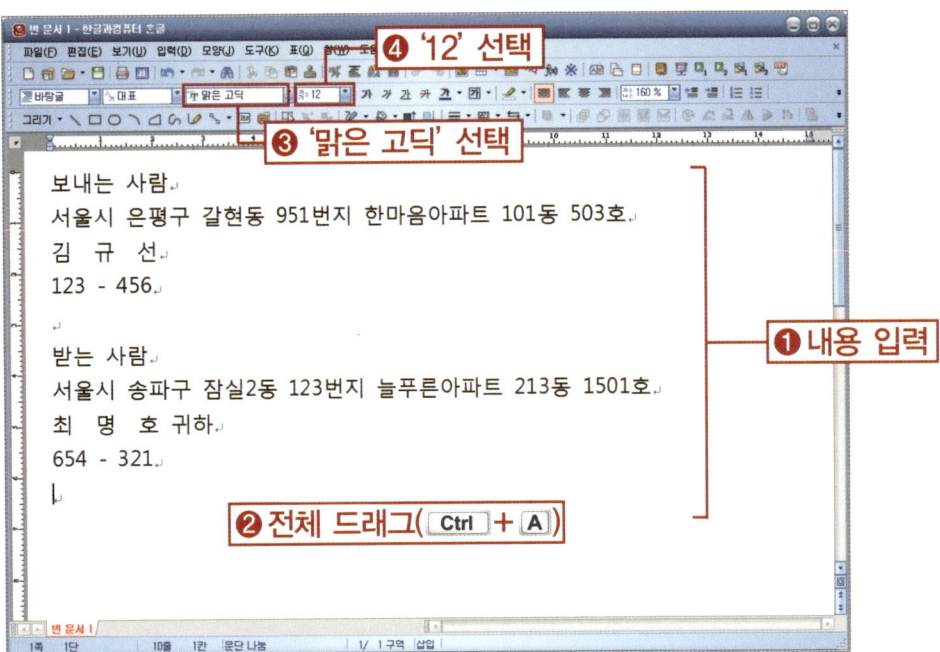

 • Ctrl + A 는 문서 전체를 범위 지정하는 단축키입니다.
• 복사 작업 시에는 [보기]–[문단 모양]을 클릭해 그림과 같이 문단 모양을 보이도록 하면 편리합니다.

02 '받는 사람'이 있는 줄부터 마지막 줄까지 드래그하여 범위를 지정한 후 [서식 도구 상자]에서 [오른쪽 정렬](▣)을 클릭합니다.

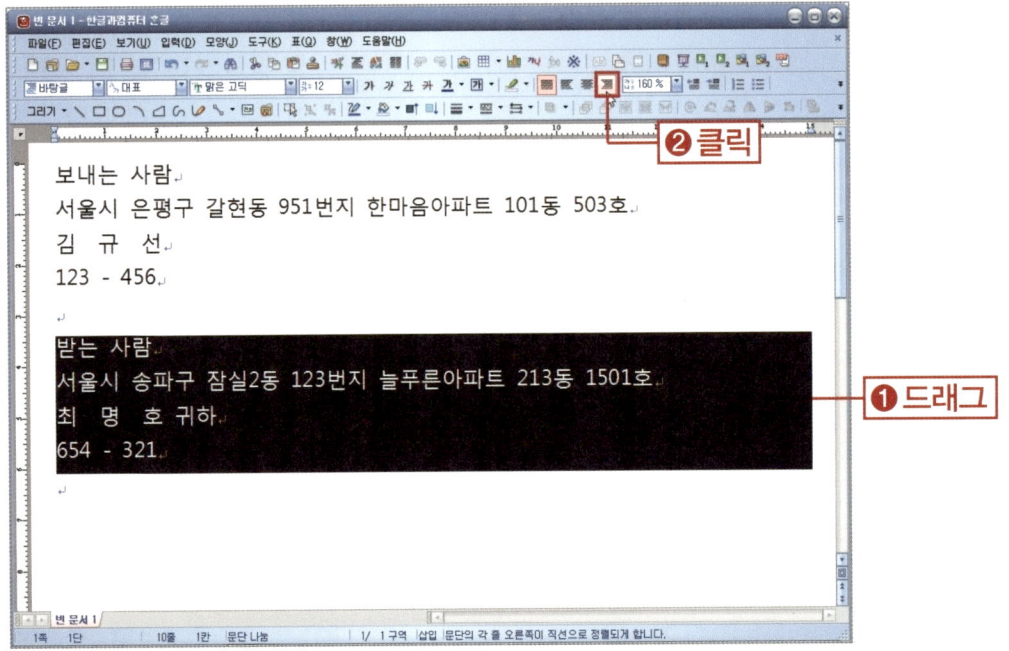

작업 공간을 넓히기 위해 쪽 윤곽은 보이지 않도록 설정했습니다. [쪽 윤곽]과 [문단 부호]는 메뉴를 다시 클릭하여 선택을 해제하거나 다시 선택할 수 있습니다.

03 내용이 오른쪽으로 정렬되면 내용 전체를 드래그하여 범위 지정하고 [기본 도구 상자]에서 [복사하기](📋)를 클릭합니다.

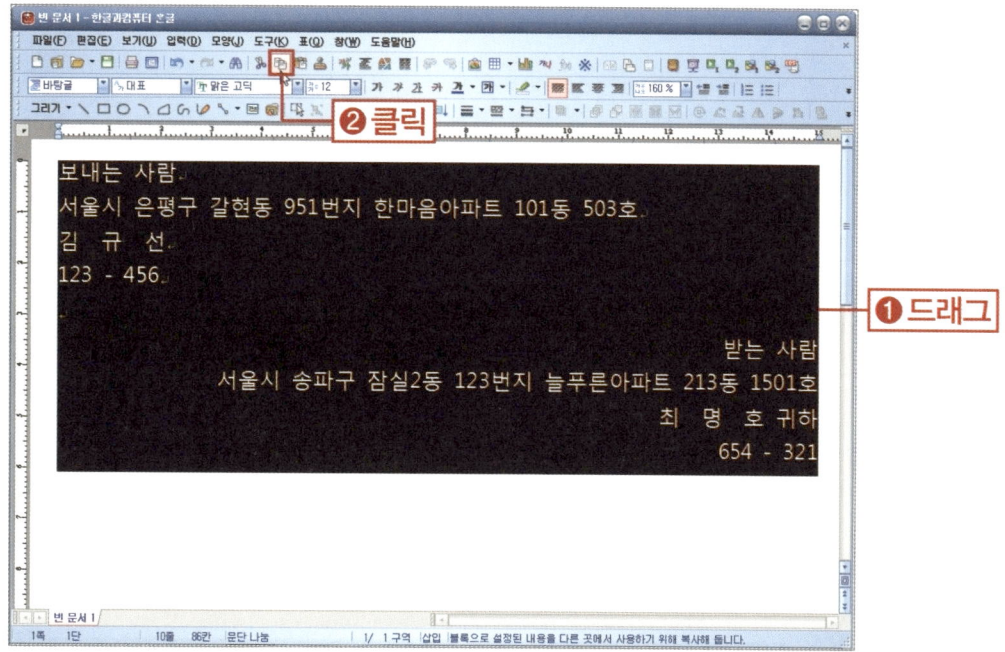

TIP 복사한 내용은 컴퓨터의 임시 기억 장소에 저장됩니다.

04 문서의 맨 마지막 줄에 커서를 놓고 [기본 도구 상자]에서 [붙여넣기](📋)를 클릭합니다.

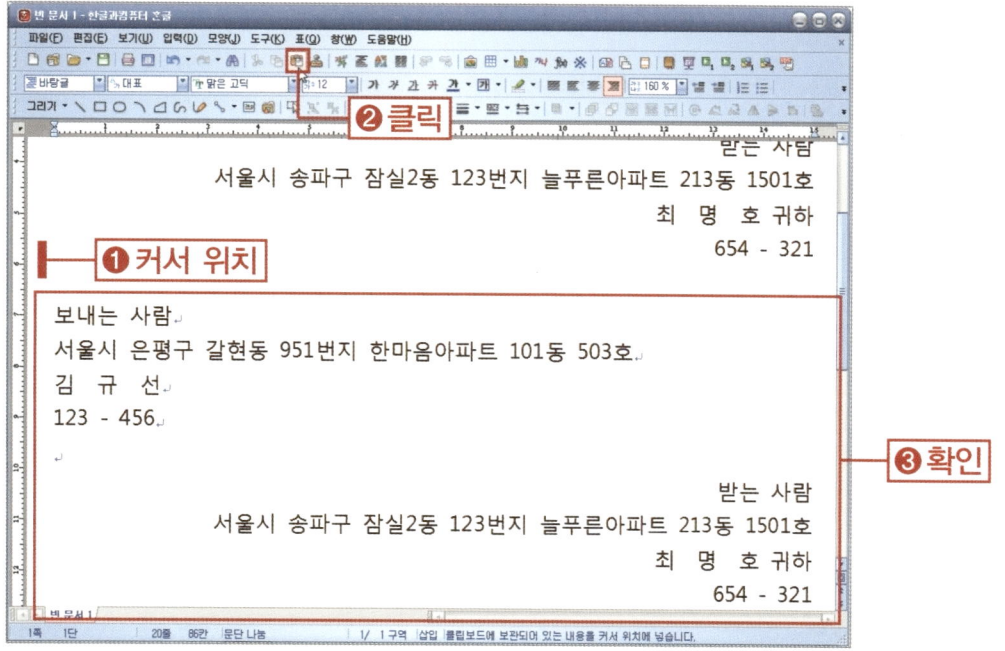

TIP 복사한 내용이 아래쪽에 붙습니다. [붙여넣기]를 반복하면 방금 복사했던 내용을 여러 개 붙일 수 있습니다.

05 우편번호가 있는 줄만 삭제하기 위해 문서의 맨 아래쪽 우편번호가 있는 줄 아무 위치에나 커서를 놓고 키보드의 [Ctrl]을 누른 채 [Y]를 한 번 누릅니다.

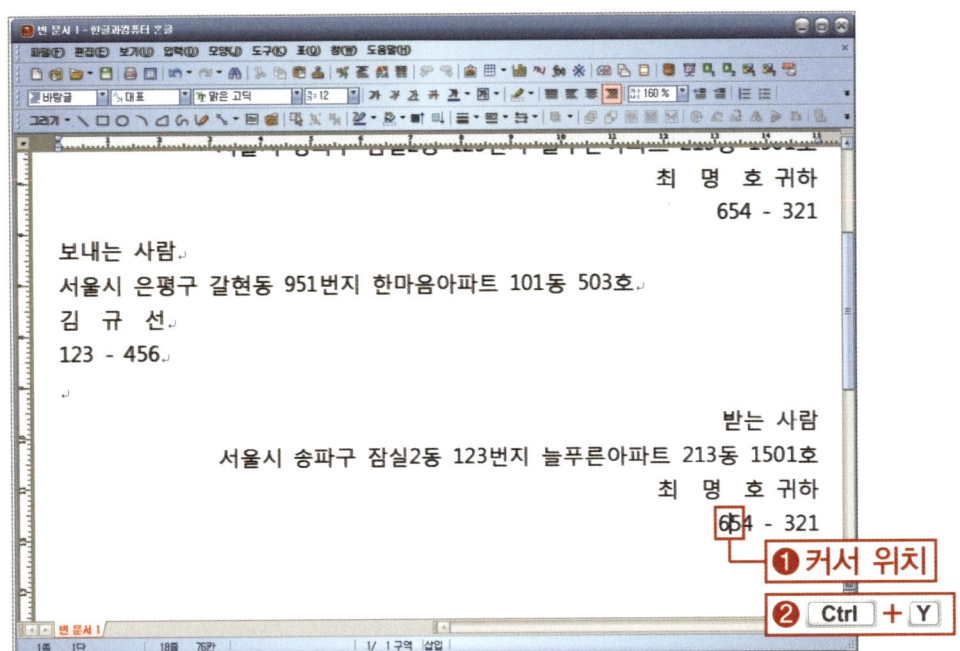

TIP [Ctrl] + [Y]는 커서가 위치한 한 줄을 삭제하는 단축키입니다.

06 끝에서 두 번째 줄 주소의 일부만 삭제하기 위해 '늘푸른' 앞에 커서를 위치한 후 키보드의 [Alt]를 누른 채 [Y]를 누릅니다.

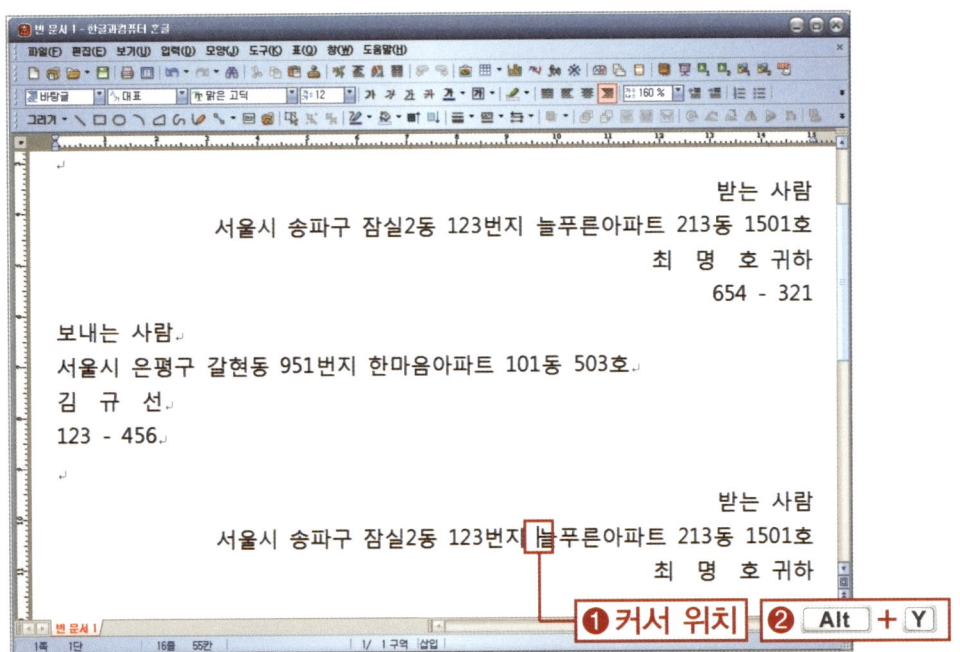

TIP • [Alt] + [Y]는 커서가 위치한 줄에서 커서 뒤(오른쪽)의 내용만을 삭제하는 단축키입니다.
• 범위를 지정한 후 키보드의 [Delete]를 누르면 범위 안의 모든 내용을 한 번에 지울 수 있습니다.

 연습문제

01 다음과 같이 내용을 입력하고 글자 모양을 설정한 후 제목을 가운데 정렬하세요.

- **제목** – 글자 크기 : 14 | 글꼴 : 견명조
- **내용** – 글자 크기 : 12 | 글꼴 : 궁서체

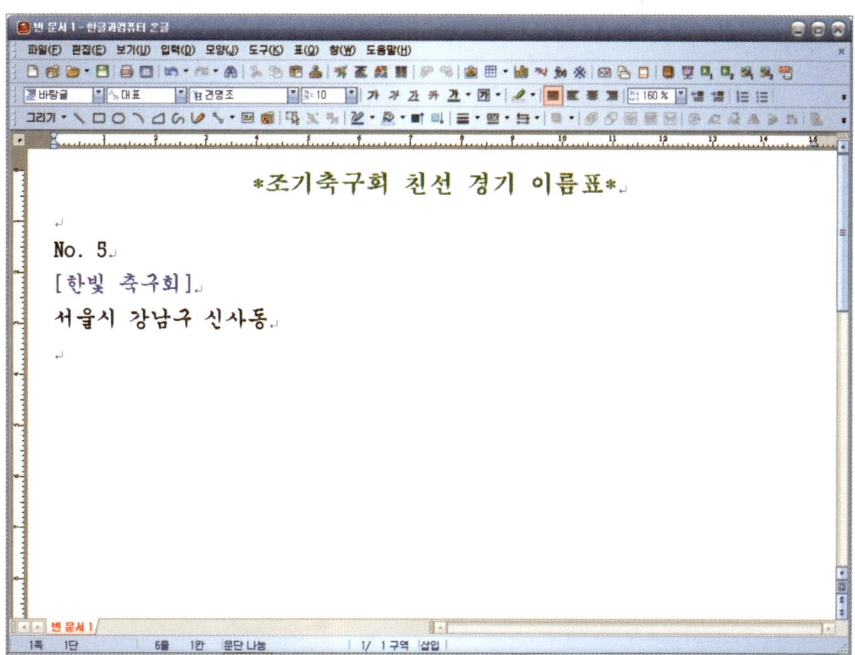

02 위 1번에서 제목을 제외한 내용을 범위 지정하고 복사해 연속 네 번 붙여넣기를 실행해 보세요.

한글 2007

그리기마당에서 예쁜
그림 넣어 카드 인쇄하기

한글 2007의 [그리기마당]에 있는 [클립아트]와 [그리기 조각]은 다양한 조각 그림들을 주제별로 모아 제공합니다. 따라서 문서의 내용에 맞는 그림을 골라 삽입하면 보다 예쁘고 재미있는 문서를 만들 수 있습니다. 그리기마당의 그림을 삽입해 카드를 만들고 프린터로 인쇄해봅니다.

┃ 이런걸 배워요! ┃ 그리기마당(그리기 조각, 클립아트)

미 리 보 기

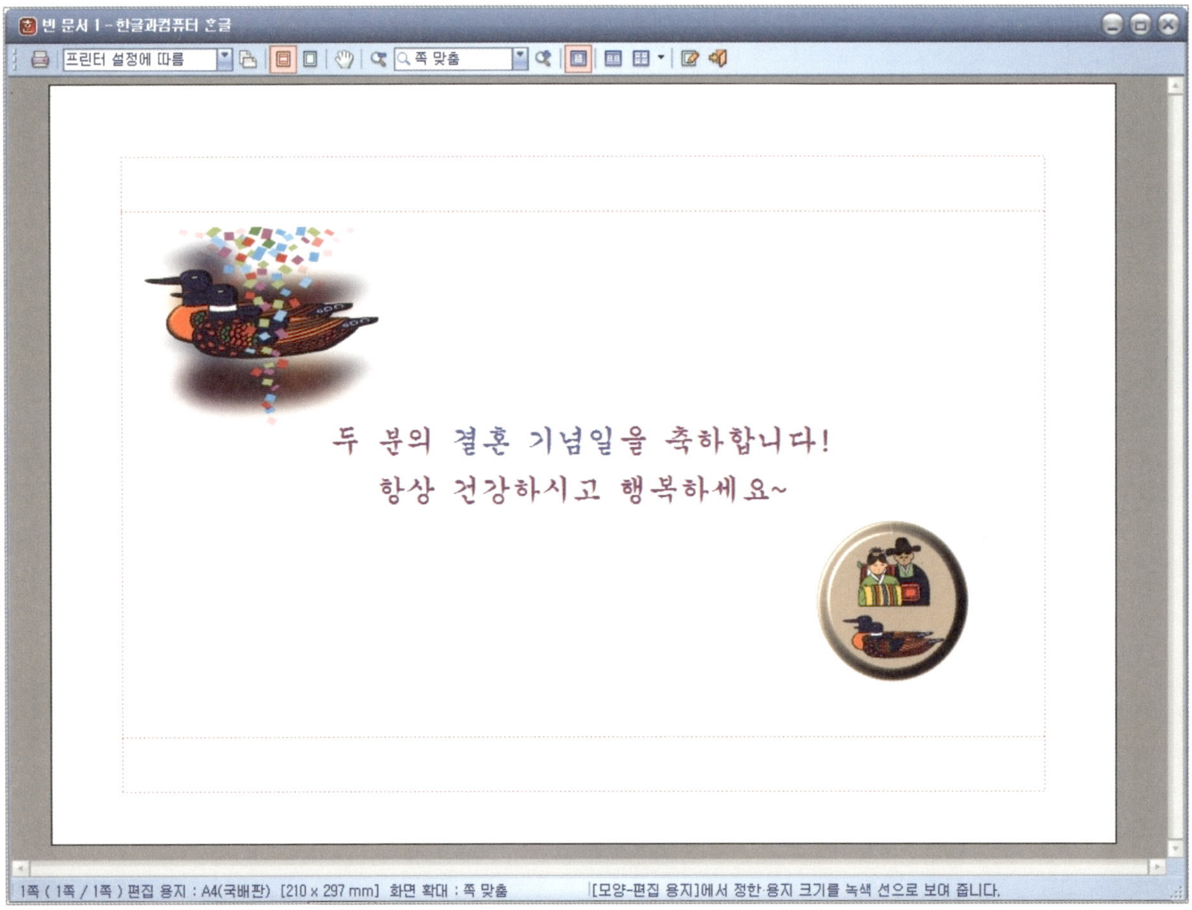

> **빈 문서 1 - 한글과컴퓨터 한글**
>
> 프린터 설정에 따름
>
> 두 분의 결혼 기념일을 축하합니다!
> 항상 건강하시고 행복하세요~
>
> 1쪽 (1쪽 / 1쪽) 편집 용지 : A4(국배판) [210 x 297 mm] 화면 확대 : 쪽 맞춤   [모양-편집 용지]에서 정한 용지 크기를 녹색 선으로 보여 줍니다.

01 먼저 문서의 여백을 설정하기 위해 빈 문서에서 [용지 설정]의 단축키인 F7 을 누릅니다. [편집 용지] 대화상자가 나타나면 [용지 방향]에서 '넓게' 를 선택합니다.

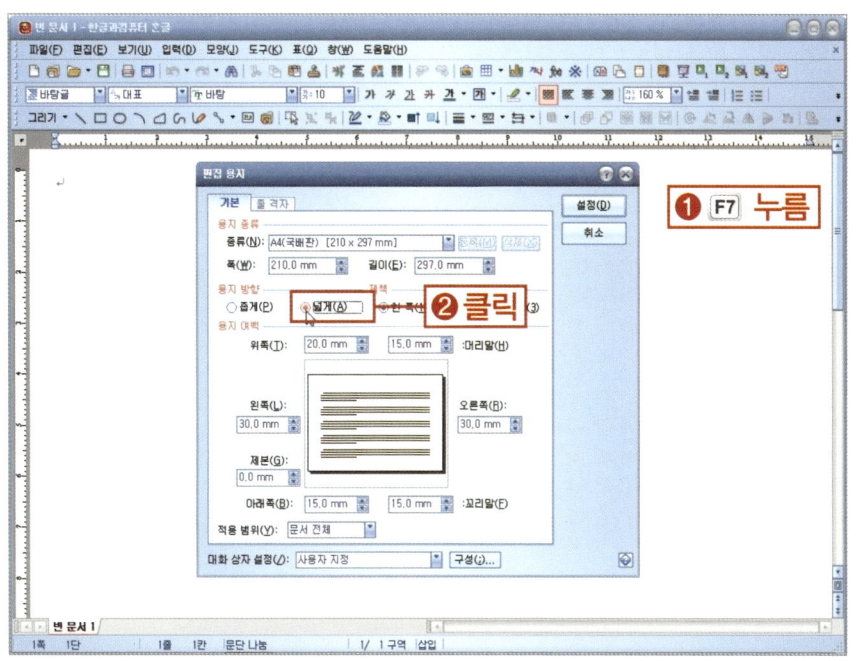

TIP 메뉴에서 [모양]-[용지 설정]을 클릭해도 됩니다.

02 [왼쪽]과 [오른쪽]의 여백이 각각 '20'이 되도록 화살표 단추를 클릭해 설정하고 [설정]을 클릭합니다.

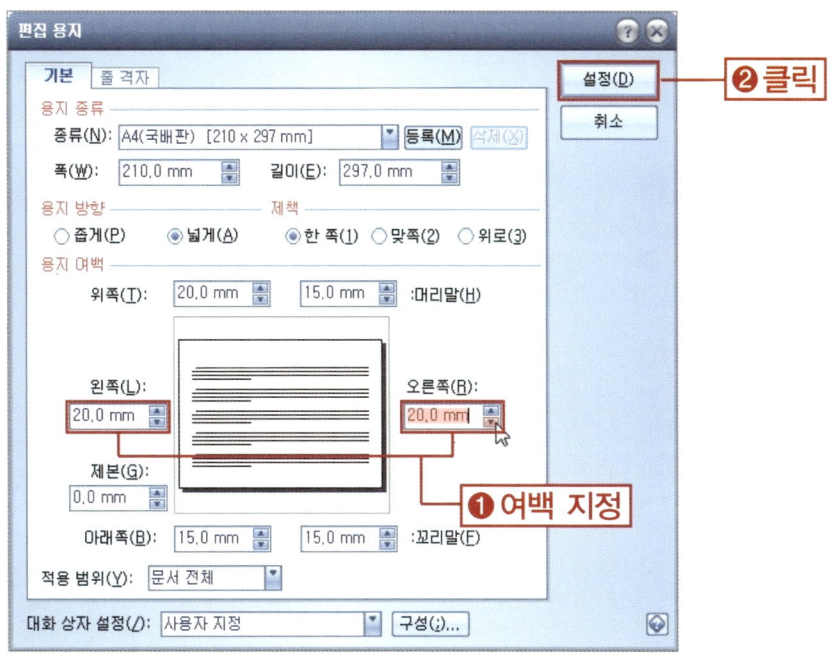

TIP 여백 칸 안에 숫자 '20'을 직접 입력해도 됩니다.

03 변경된 용지 설정이 적용되면 [그리기 도구 상자]에서 [그리기마당](⬛)을 클릭합니다.

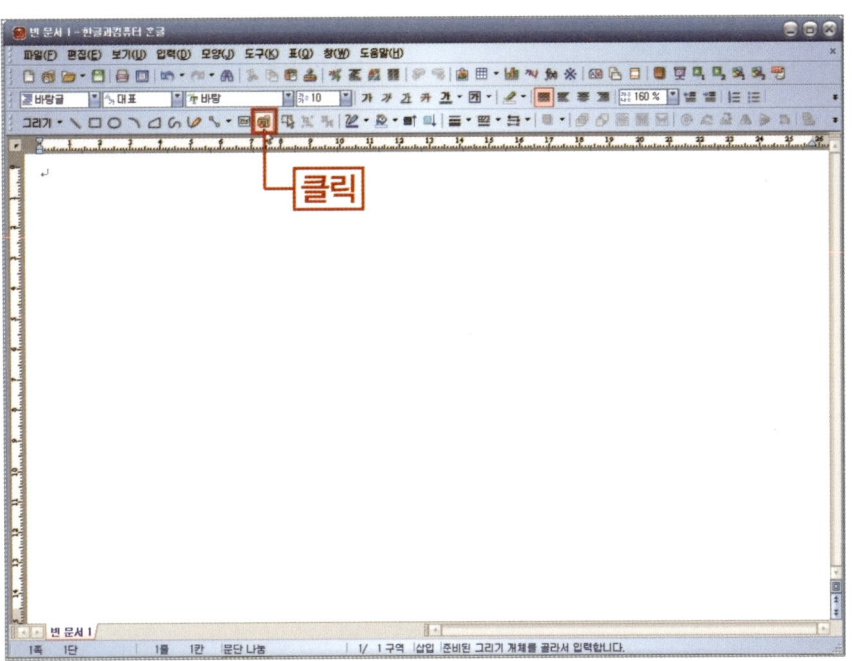

TIP [그리기 도구 상자]가 보이지 않으면 메뉴에서 [보기]–[도구 상자]–[그리기]를 클릭합니다.

04 [그리기마당] 대화상자가 나타나면 [클립아트] 탭을 클릭합니다. [선택할 꾸러미]에서 '전통(삽화2)'를 선택하고 [개체 목록]에서 '기러기1'을 선택한 후 [넣기]를 클릭합니다.

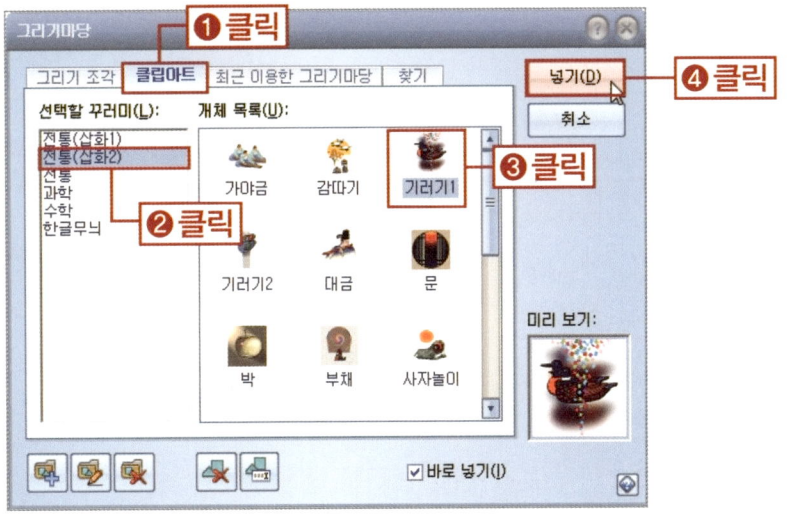

TIP 한글 2007 꾸러미 팩을 추가로 설치하면 그리기마당에 보다 다양한 종류의 꾸러미가 나타납니다.

05 마우스 포인터가 십자 모양이 되면 그림을 삽입할 곳에 알맞은 크기가 되도록 드래그해 삽입합니다.

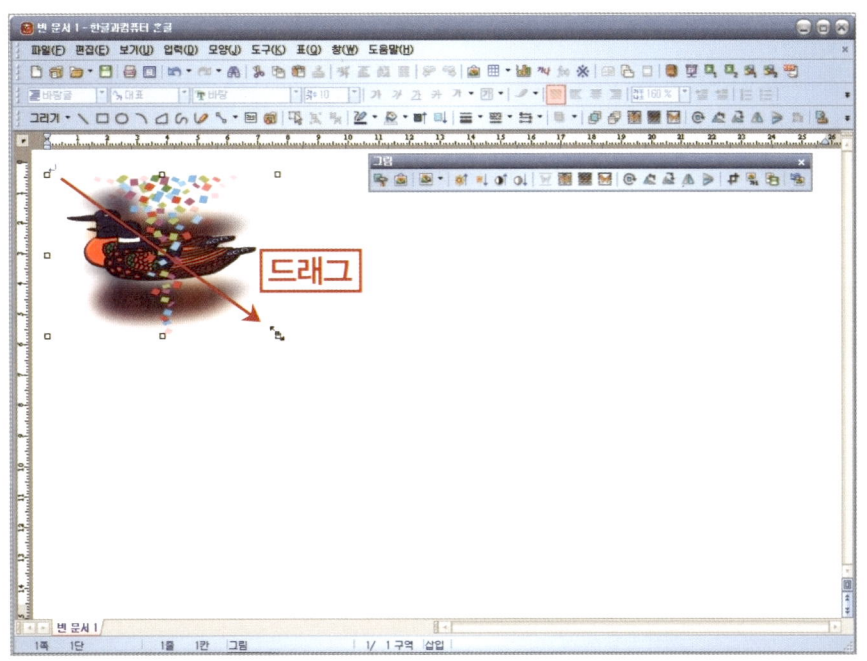

06 다시 [그리기마당] 대화상자의 [클립아트] 탭에서 [선택할 꾸러미]의 '전통(삽화2)'를 선택하고 [개체 목록]에서 '신랑신부'를 선택한 후 [넣기]를 클릭합니다. 오른쪽 아래에 그림을 삽입하고 중간에 내용을 입력한 후 글자 모양을 꾸밉니다.

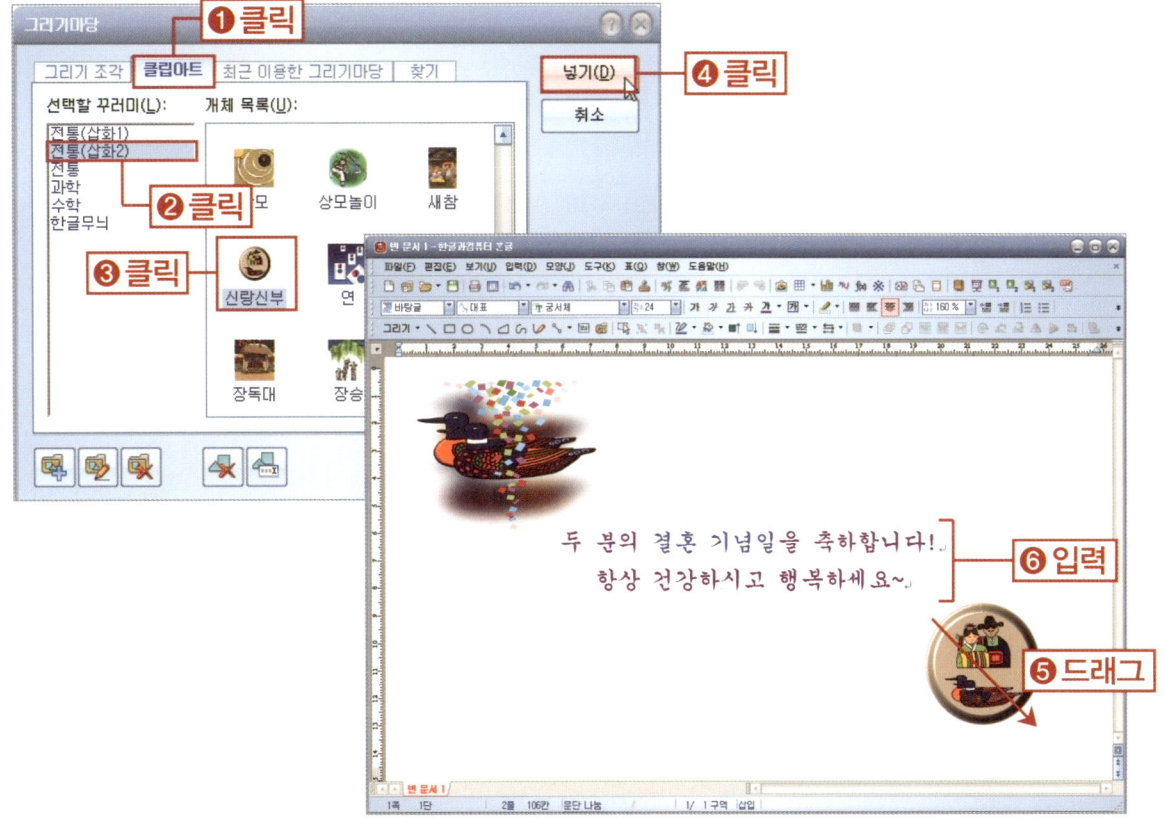

TIP 글자 모양은 '궁서체', '24'로 설정하였습니다.

07 인쇄될 모양을 미리 확인하기 위해 [기본 도구 상자]에서 [미리 보기](🔲)를 클릭합니다. 미리 보기 창이 열리면 [여백 보기](🔲)를 클릭해 여백과 전체적인 모양을 확인하고 [인쇄](🖨)를 클릭합니다.

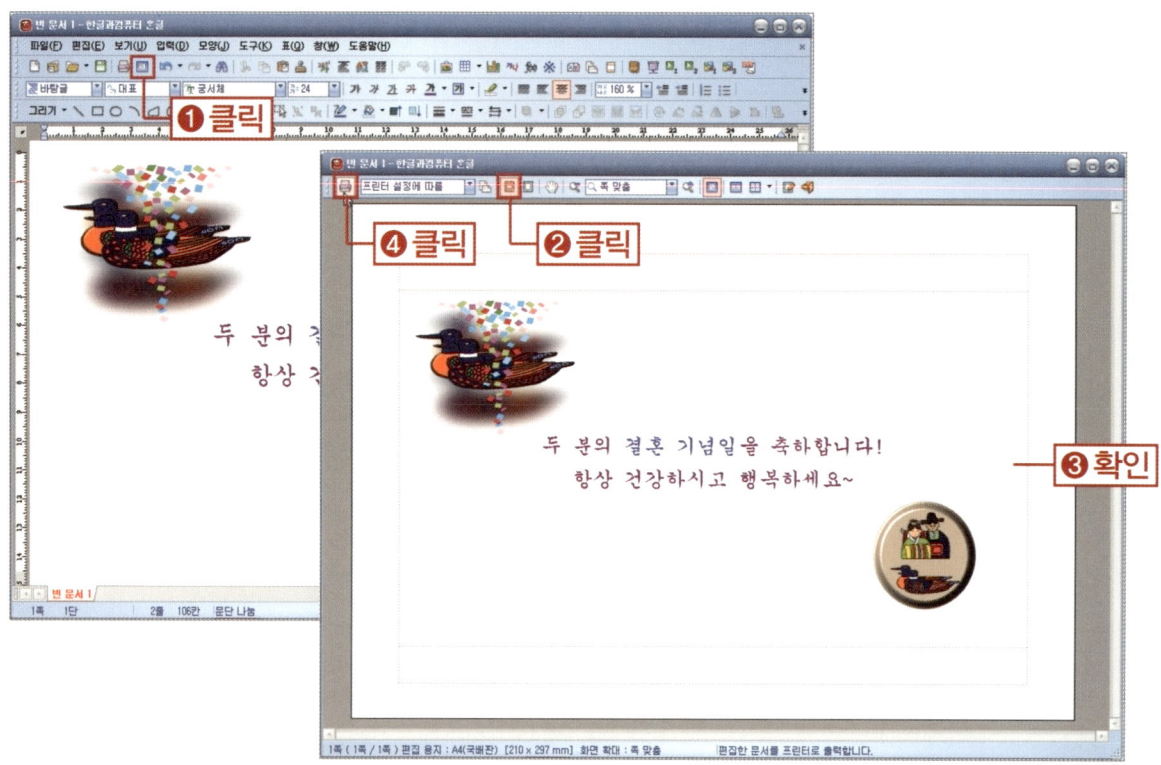

TIP 미리 보기를 실행하지 않는 경우에는 [기본 도구 상자]에서 바로 [인쇄]를 클릭해도 됩니다.

08 [인쇄] 대화상자가 나타나면 [기본] 탭에서 [인쇄 범위]를 '문서 전체'로, [인쇄 매수]를 '1'로 설정하고 [인쇄]를 클릭해 카드를 인쇄합니다.

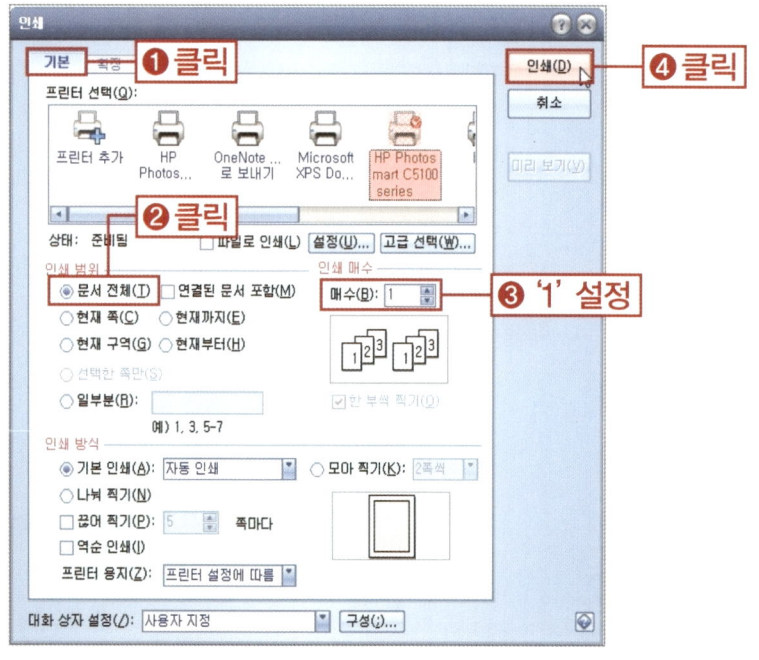

TIP [프린터 선택]에 선택되어있는 프린터가 현재 컴퓨터에 연결된 프린터가 맞는지 확인합니다.

연습문제

01 클립아트와 그리기 조각을 이용해 다음과 같은 행사 안내장을 만들어 보세요.

02 용지를 '넓게'로 설정하고 클립아트와 그리기 조각을 이용해 다음과 같은 그림 교실 알림판을 작성하고 왼쪽과 오른쪽 여백을 각각 '25'로 설정해 보세요.

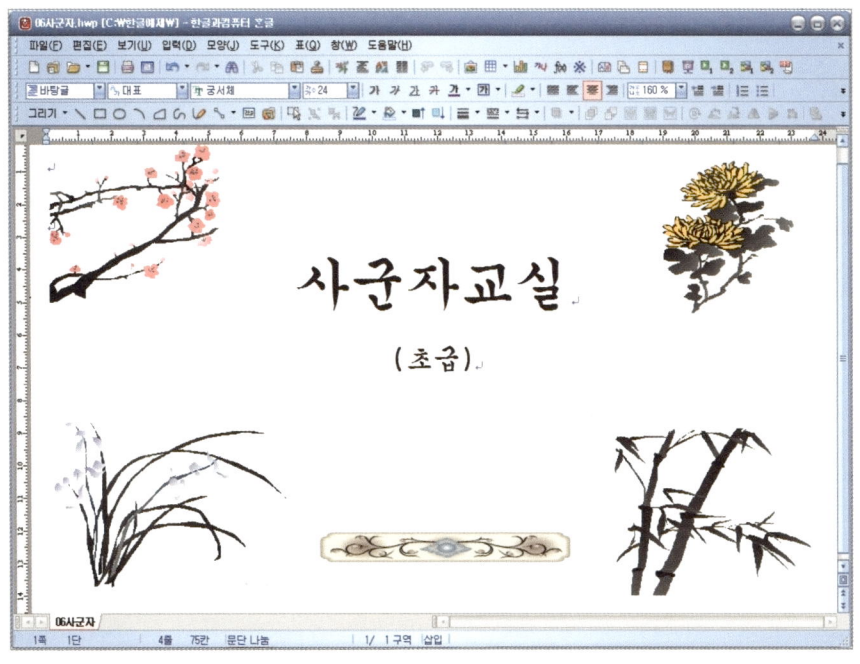

07장

인터넷의 그림 내 문서에 넣기

인터넷에서 제공되는 사진, 그림들 중 필요한 이미지를 복사하거나 내 컴퓨터에 저장해 한글 2007 문서에서 활용할 수 있습니다. 인터넷의 그림들을 활용해 문서를 작성하는 방법에 대해 알아봅니다.

▌이런걸 배워요! ▌ 인터넷의 그림 저장, 그림 삽입

미 리 보 기

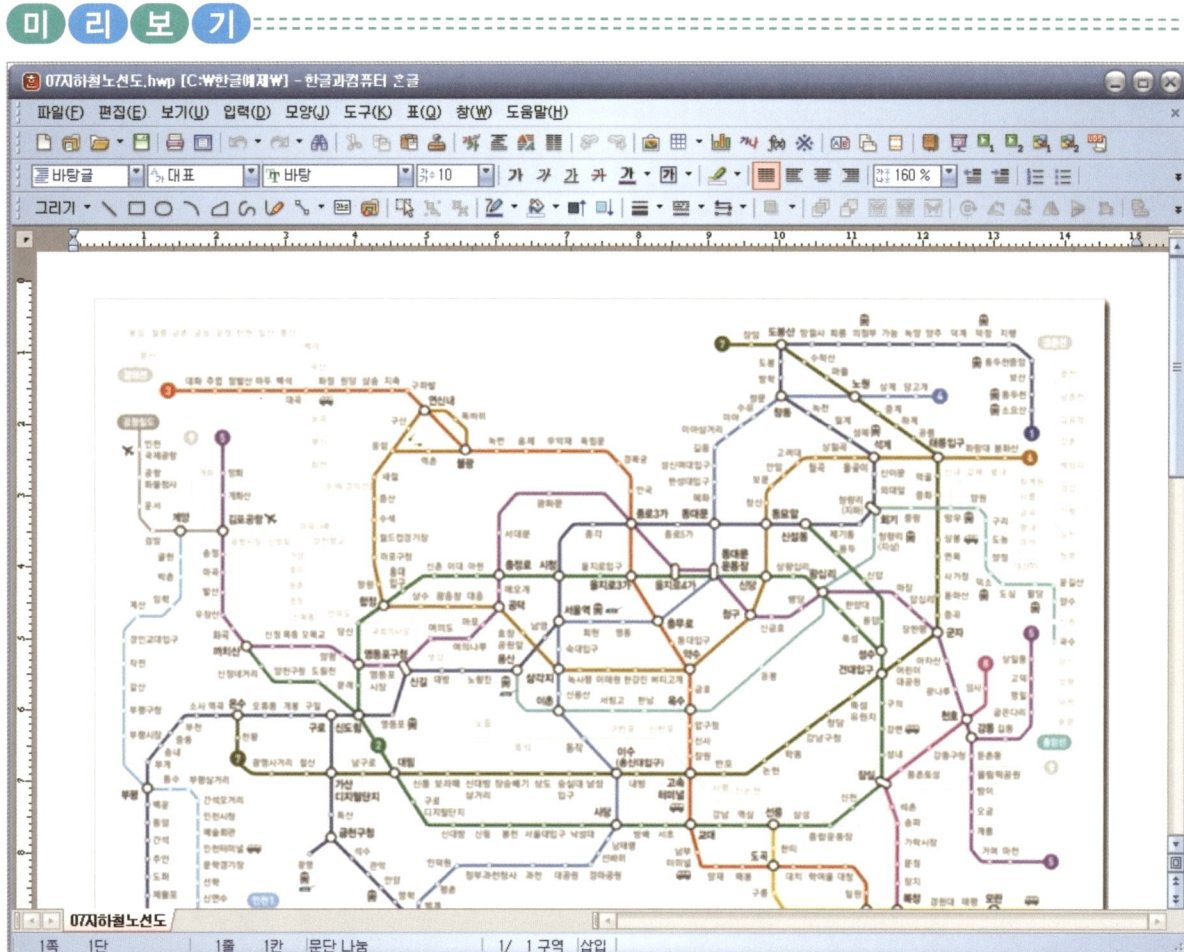

01 작업 표시줄 항목 중에서 [인터넷 익스플로러(Internet Explorer)]()를 클릭해 실행합니다. 야후코리아 사이트의 검색 창에 '지하철노선도'를 입력하고 [이미지]를 클릭합니다.

TIP 네이버, 네이트 등 다른 포털 사이트의 이미지 검색 기능을 이용해도 됩니다.

02 이미지 목록에서 저장할 노선도 그림을 클릭해 그림을 확대합니다. 그림 안에서 마우스의 오른쪽 단추를 클릭하고 [다른 이름으로 사진 저장]을 클릭합니다.

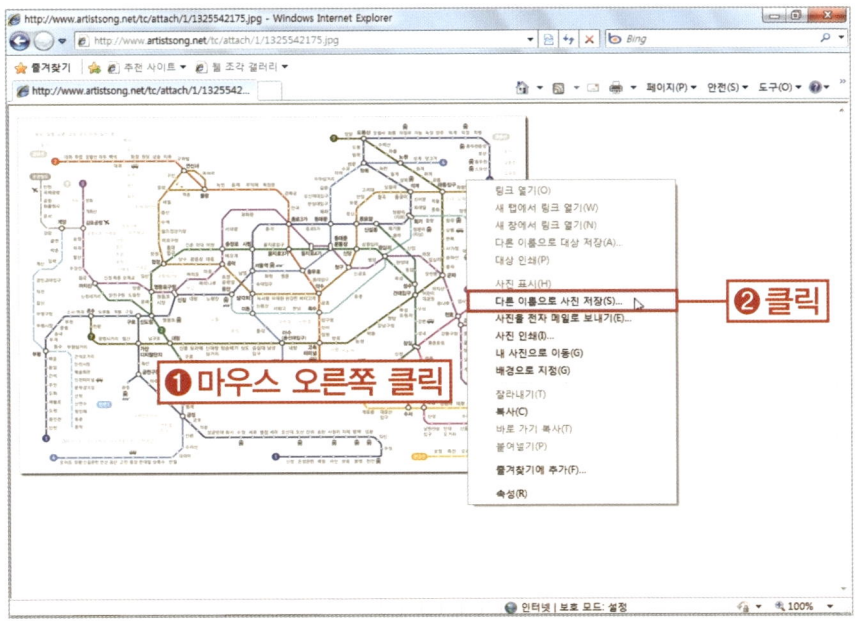

TIP 바로 가기 메뉴에서 [복사]를 클릭하고 한글 2007 창으로 이동해 [붙여넣기]를 클릭하면 별도의 저장 없이 그림을 복사해 삽입할 수 있습니다. 단, 그림을 무단으로 도용하여 상업적으로 이용하지 않도록 주의합니다.

03 [사진 저장] 대화상자가 나타나면 저장할 폴더를 선택하고 파일 이름을 입력한 후 [저장]을 클릭합니다.

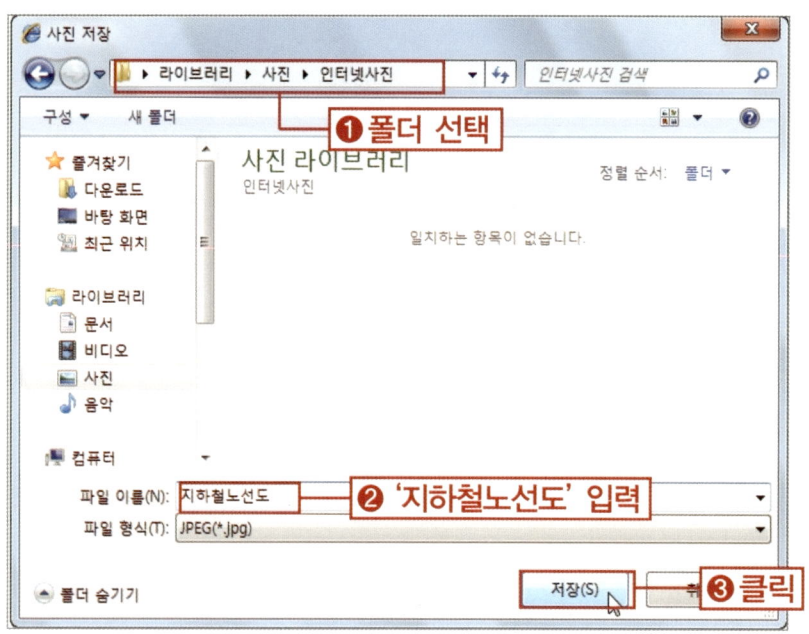

04 한글 2007 창으로 돌아와 [기본 도구 상자]의 [그림](🖼)을 클릭합니다.

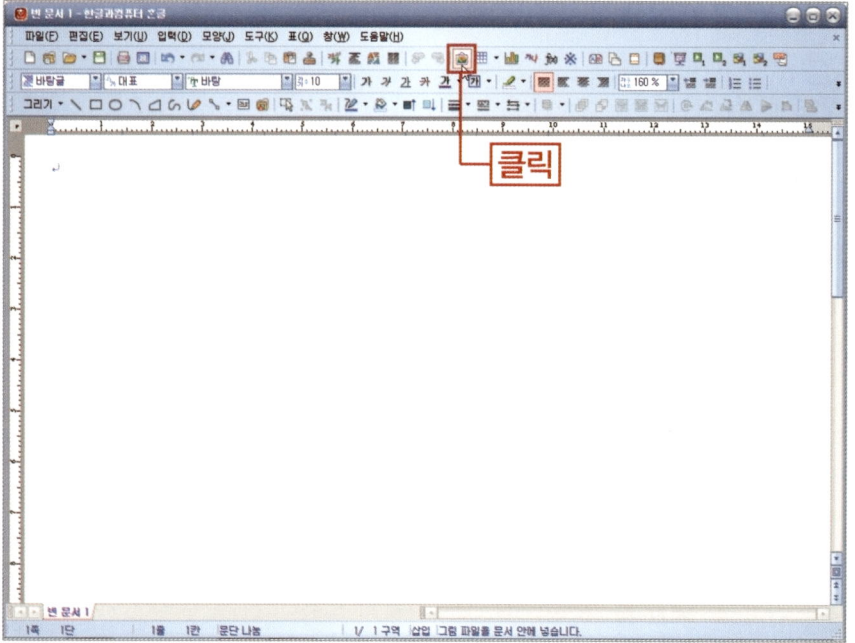

05 [그림 넣기] 대화상자가 나타나면 그림을 저장했던 폴더를 찾아 더블클릭해 이동합니다. 목록에 그림 파일이 보이면 선택하고 [넣기]를 클릭합니다.

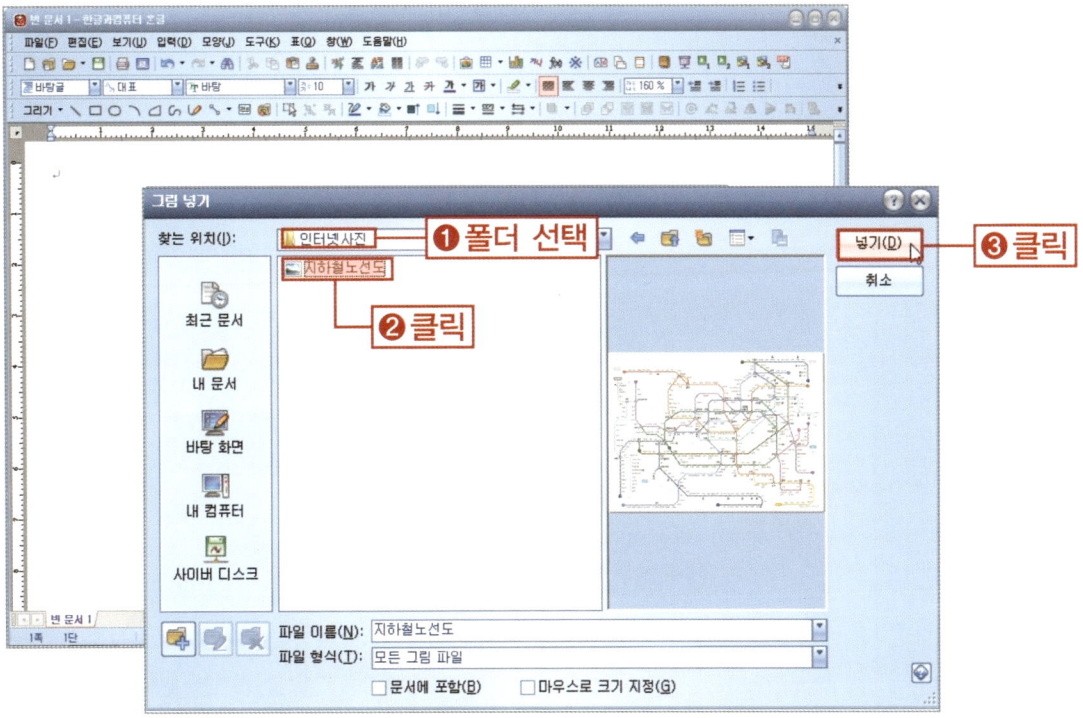

06 그림이 삽입되면 조절점을 드래그해 크기를 조절합니다.

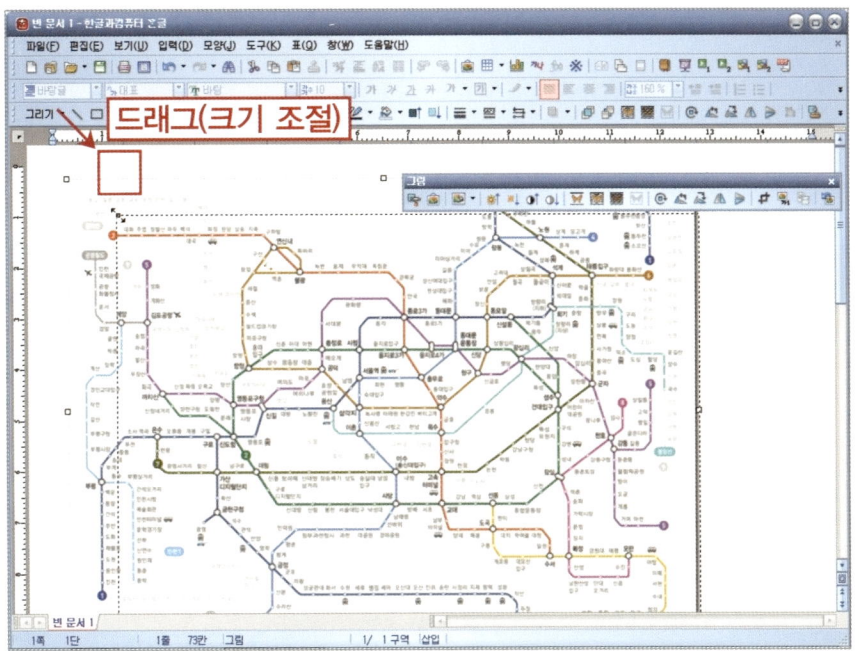

TIP 조절점은 꼭짓점 네 곳과 테두리 부분 중간 네 곳에 있습니다.

연습문제

01 포털 사이트의 이미지 검색(아후코리아 : kr.image.yahoo.com) 창에서 '꽃'을 검색한 후 꽃 사진을 두 개 골라 각각 저장하고 한 글 2007에서 삽입해 보세요.

02 좋아하는 동물의 이름을 입력해 이미지를 검색한 후 저장하고 한글 2007에서 그림을 삽입해 보세요.

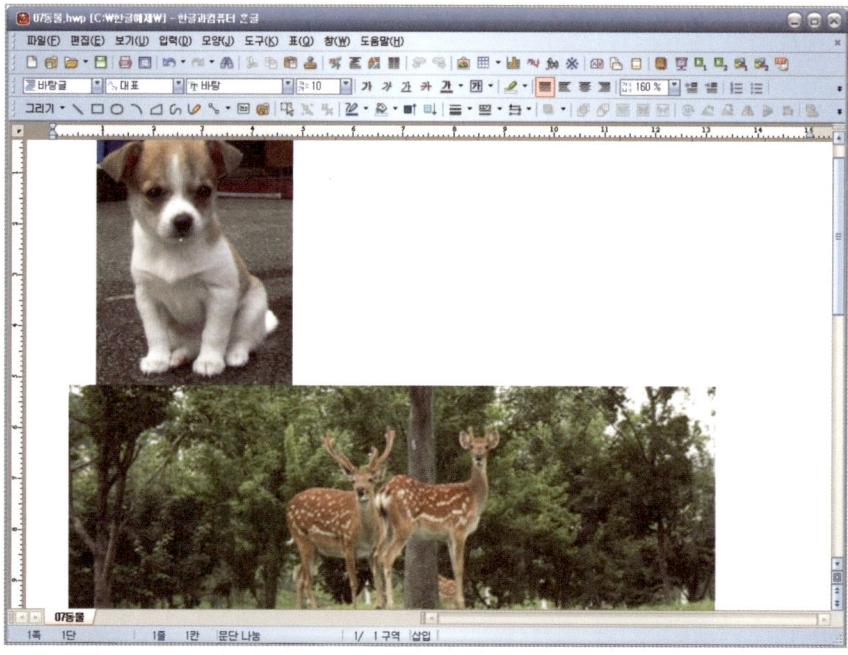

한글 2007

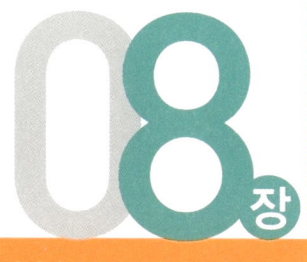

08장 그림에 멋진 효과 넣어 배치하기

내 컴퓨터의 사진을 한글 문서에 삽입한 다음 [그림 도구 상자]를 활용하면 그림을 자르거나 밝기, 모양 등을 여러 가지로 변경해 원하는 모양으로 꾸밀 수 있습니다. 또 그림과 글을 적절히 배치하면 보다 멋진 문서로 꾸밀 수 있습니다. 그림을 활용해 문서를 작성해 봅니다.

이런걸 배워요! 그림 효과 설정, 그림과 글 배치

미리보기

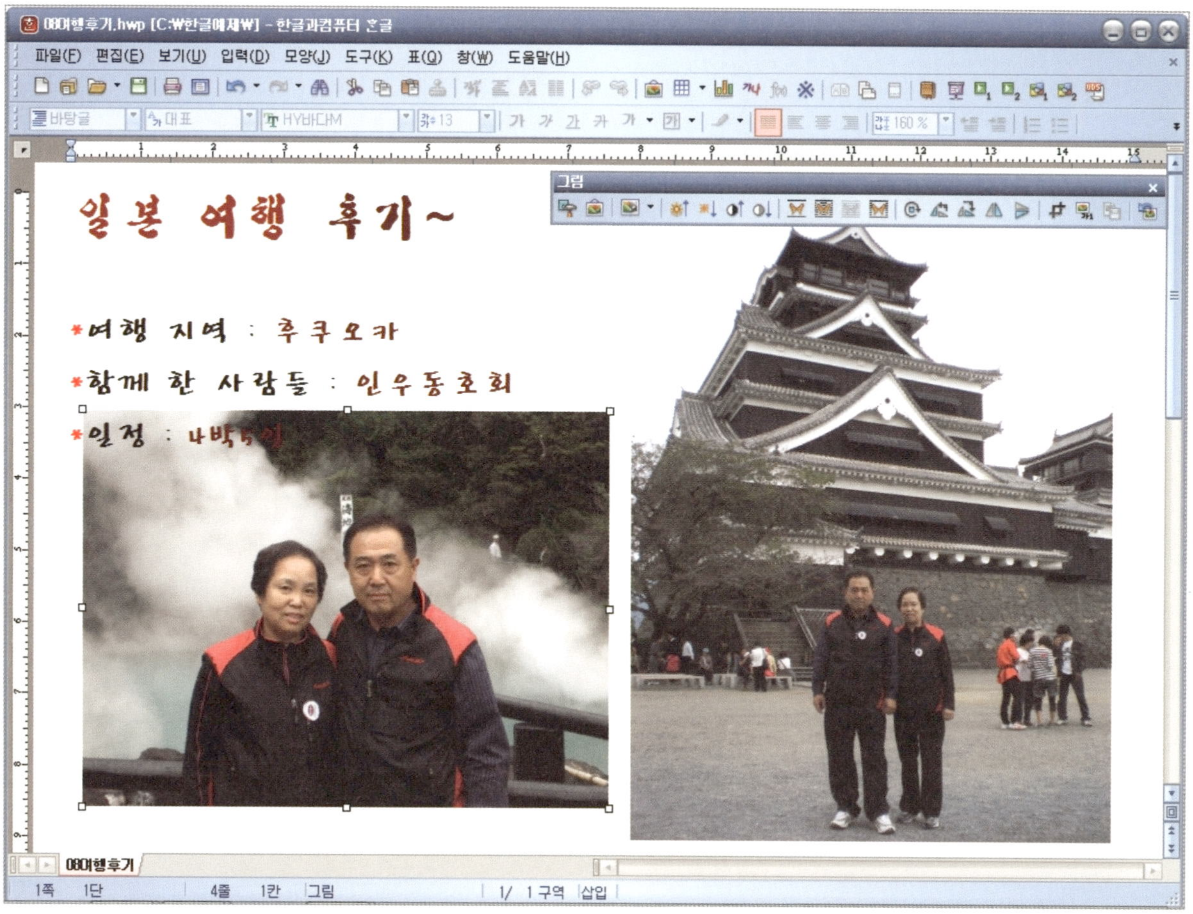

01 다음과 같이 글을 입력하고 글자 모양을 꾸민 후 [기본 도구 상자]에서 [그림](📷)을 클릭합니다.

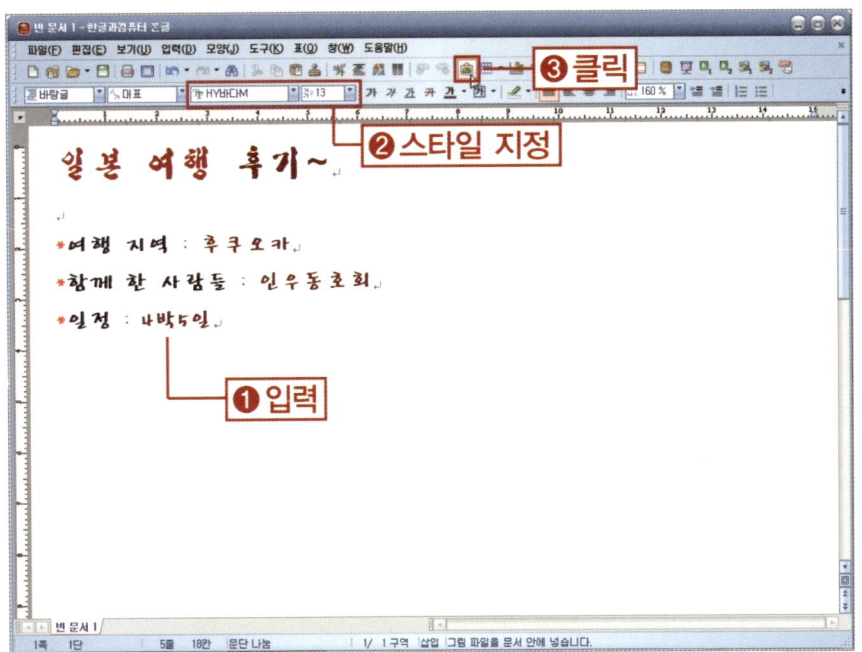

TIP 글자 모양 : HY백송B, 20 / HY바다M, 13

02 [그림 넣기] 대화상자에서 삽입할 그림이 있는 폴더를 더블클릭해 이동한 후 그림을 선택하고 [넣기]를 클릭합니다.

TIP 선택한 사진이 대화상자 오른쪽 미리 보기 창에 보이지 않으면 도구 단추 중에서 [보기]를 클릭하고 [작은 그림]을 선택합니다.

03 삽입된 그림의 조절점을 안쪽으로 드래그해 크기를 줄이고 사진 안에서 마우스를 드래그해 위치를 이동합니다. 적당한 크기와 위치가 되면 [그림 도구 상자]에서 [밝게](☀↑)를 두 번 클릭합니다.

TIP [그림 도구 상자]는 그림이 선택되면 자동으로 나타납니다. 사진이 너무 밝은 경우에는 [그림 도구 상자]에서 [어둡게](☀↓)를 클릭합니다.

04 그림을 하나 더 삽입한 후 [그림 도구 상자]에서 [자르기](⊞)를 클릭합니다.

05 그림의 테두리 조절점 부분이 검은 선으로 바뀌면 조절점에서 마우스를 안쪽으로 천천히 드래그해 바깥쪽 그림을 공간에 맞게 잘라냅니다.

06 [그림 도구 상자]에서 [글 뒤로](▤)를 클릭합니다. 글과 겹치도록 그림을 위쪽으로 조금 드래그합니다.

TIP 오른쪽 그림의 배치 상태는 글과 그림이 함께 배치되는 [어울림]입니다. [글 앞으로]를 선택하면 그림이 글 앞으로 겹쳐 글이 가려집니다. [자리 차지]를 선택하면 그림 옆에 글이 올 수 없습니다.

연습문제

01 여행지에서 찍었던 사진 중 재미있었던 사진을 골라 글과 함께 한글 문서에 삽입하고 [그림 도구 상자]를 이용해 그림의 밝기와 크기를 조절해 보세요.

02 가족들의 사진을 골라 문서에 삽입하고 알맞은 제목을 입력하여 문서를 완성해 보세요.

내 글에 맵시내기

한글 2007의 글맵시 기능을 이용하면 글자 모양 기능으로는 표현하기 어려운 큰 글씨와 다양한 모양, 여러 가지 스타일의 색, 그림자 등을 표현할 수 있습니다. 눈에 띄는 멋진 글자를 만드는 방법에 대해 알아봅니다.

│ 이런걸 배워요! │ 글맵시 삽입, 글맵시 편집

미 리 보 기

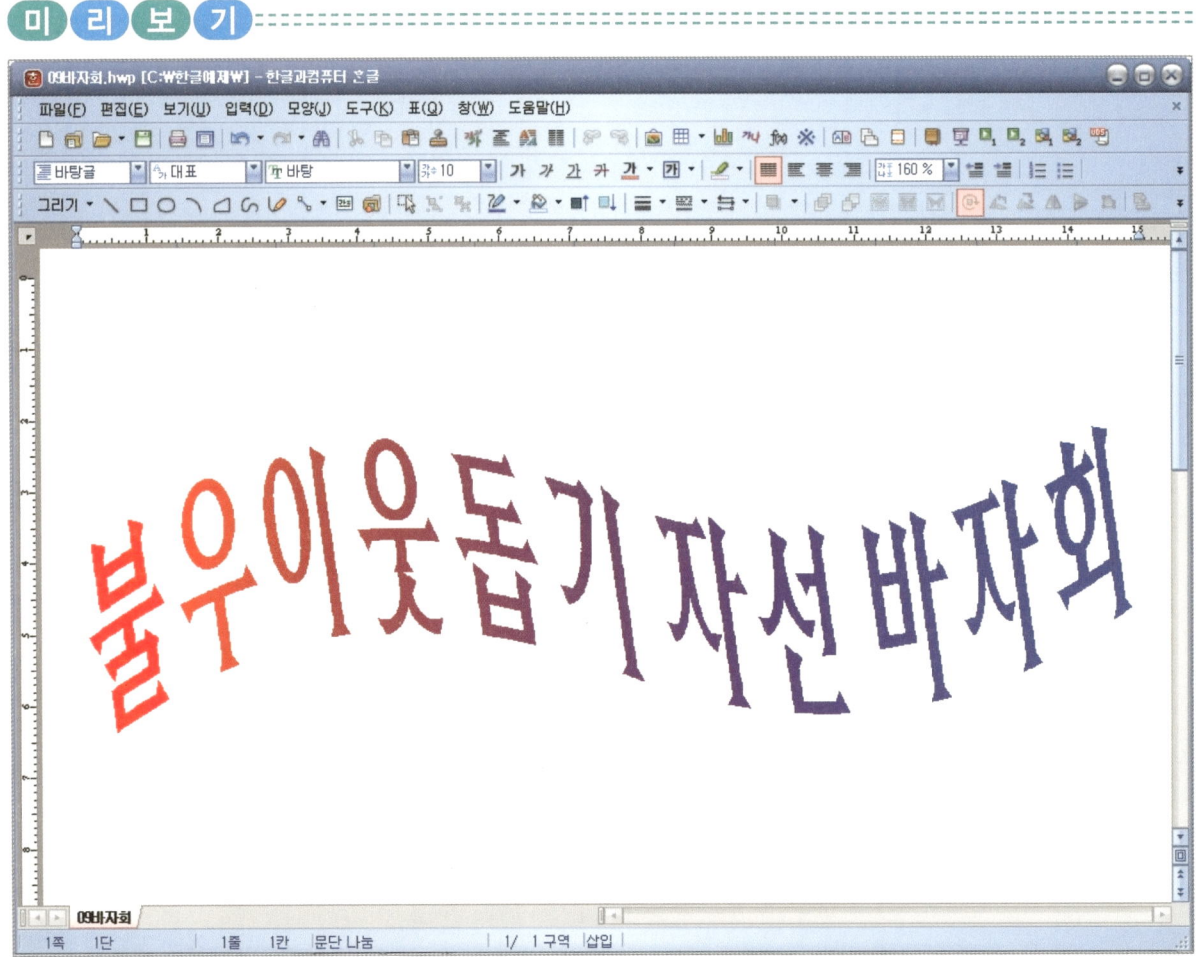

01 [기본 도구 상자]에서 [글맵시]( )를 클릭합니다. [글맵시 개체 만들기] 대
화상자가 나타나면 [내용]에 '불우이웃돕기 자선 바자회'를 입력합니다.

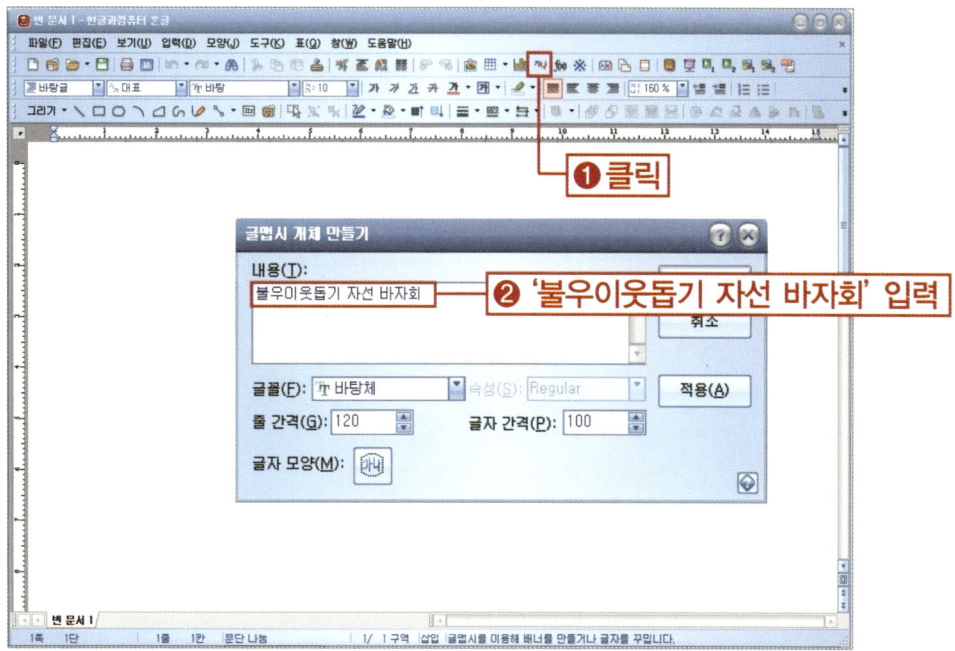

02 [글꼴]의 목록 단추를 클릭하고 'HY크리스탈M'을 선택한 후 [설정]을 클
릭합니다.

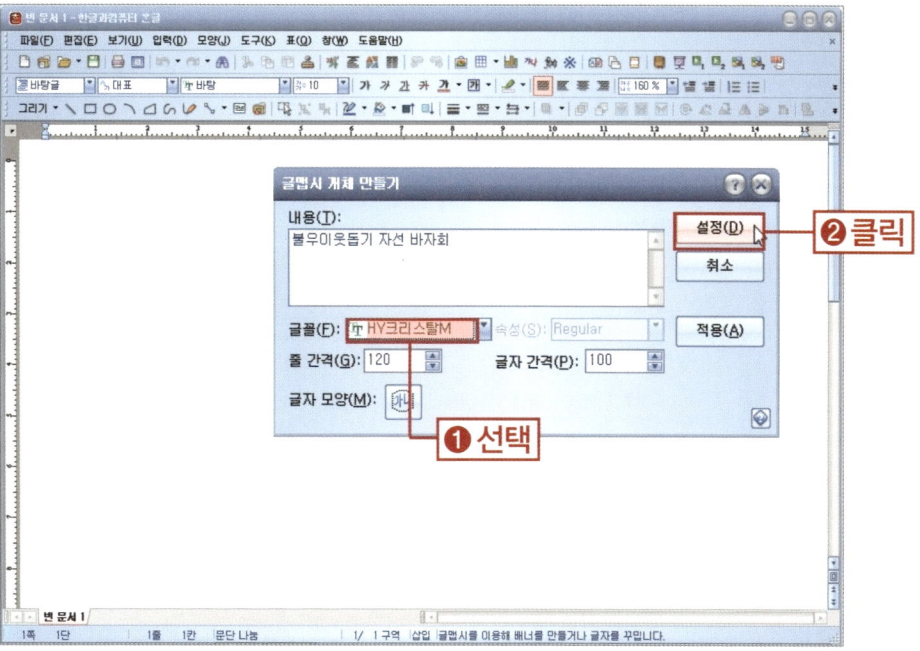

03 글맵시가 삽입되면 조절점을 드래그해 다음과 같이 글맵시를 확대합니다. [글맵시 개체 도구 상자]의 [글맵시 글자 모양]( )을 클릭하고 다른 모양을 선택합니다.

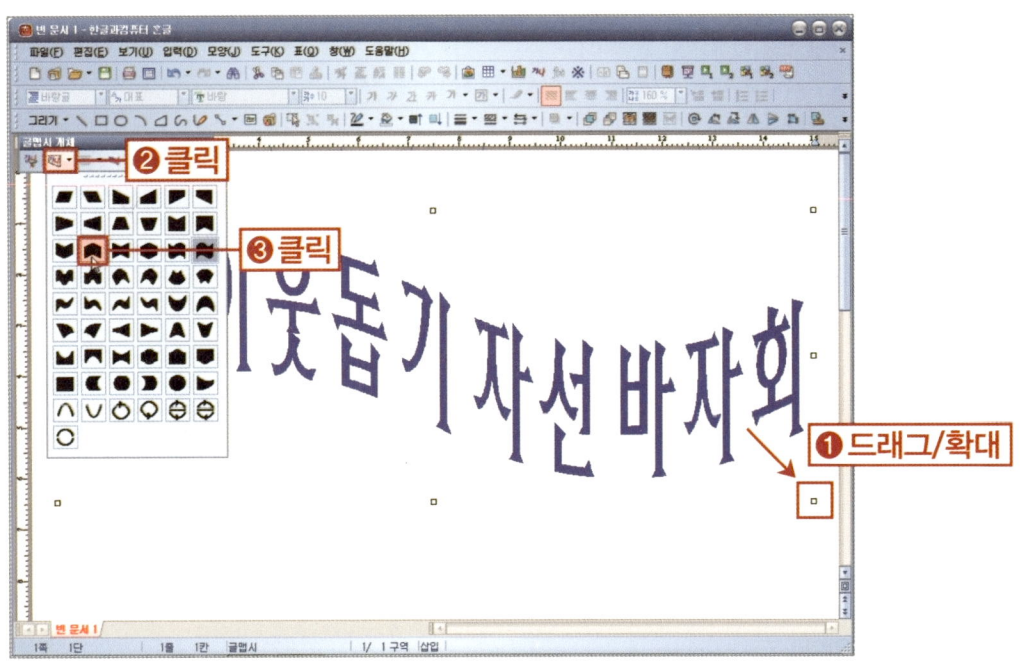

TIP 글맵시는 글자를 그림과 같은 하나의 개체로 인식하므로 조절점을 이용해 확대, 축소가 가능하며 이동, 복사도 할 수 있습니다.

04 글맵시의 모양이 변경됩니다. 글맵시를 더블클릭하여 [개체 속성] 대화상자가 나타나면 [채우기] 탭을 클릭합니다.

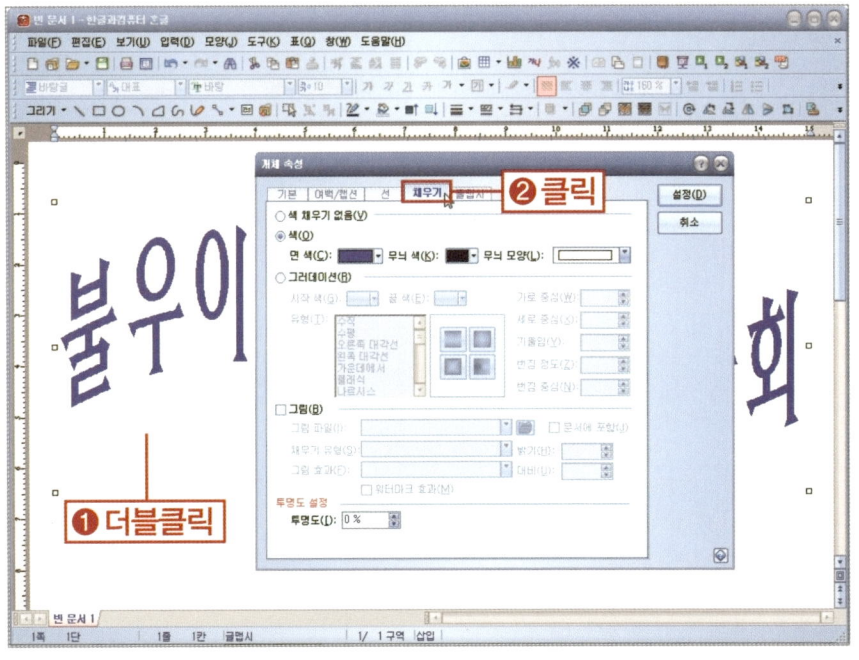

TIP 간단한 색 변경이나 테두리 색 변경은 [글맵시 도구 상자]의 [채우기 색]이나 [선 색]을 클릭해 설정할 수 있습니다.

05 [그러데이션]을 클릭하고 [유형]에서 '천국과 지옥'을 선택한 후 [설정]
을 클릭합니다.

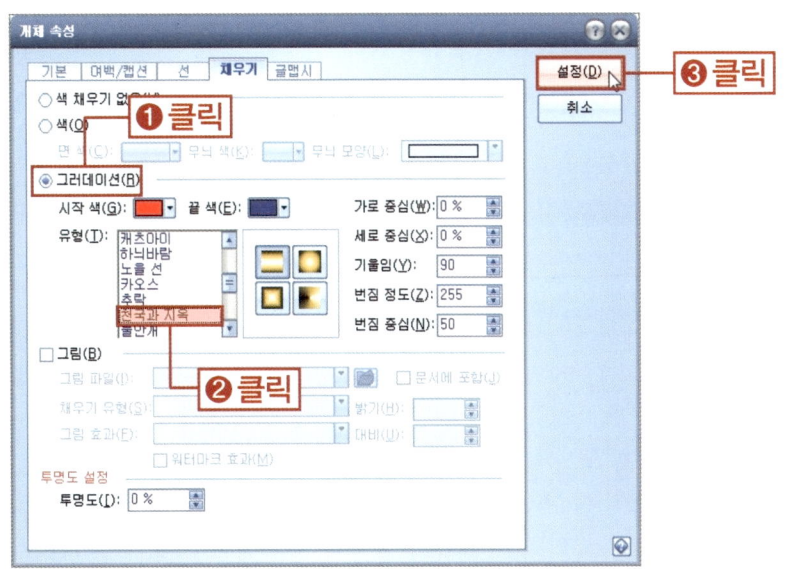

06 [글맵시 개체 도구 상자]에서 [회전](🔄)을 클릭한 후 오른쪽 상단의 연두
색 회전 핸들을 드래그해 글맵시를 약간 회전시킵니다.

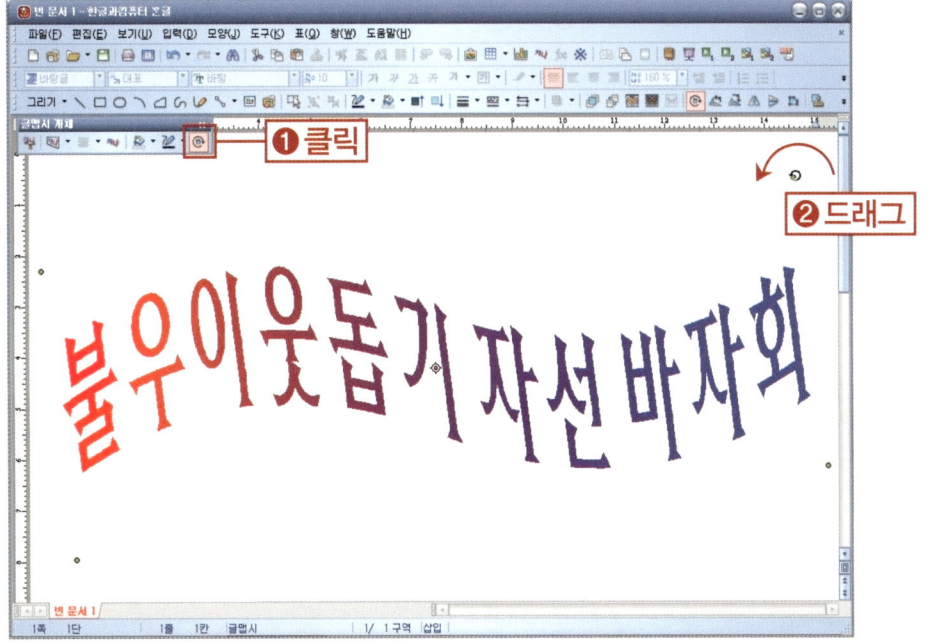

TIP 가운데 부분에 생기는 빨간 점이 회전의 축이 되고, 연두색 점에서 마우스를 드래그하면 회전할 수
있습니다.

01 글맵시 기능을 이용해 다음과 같은 알림글을 작성하고 꾸며 보세요.

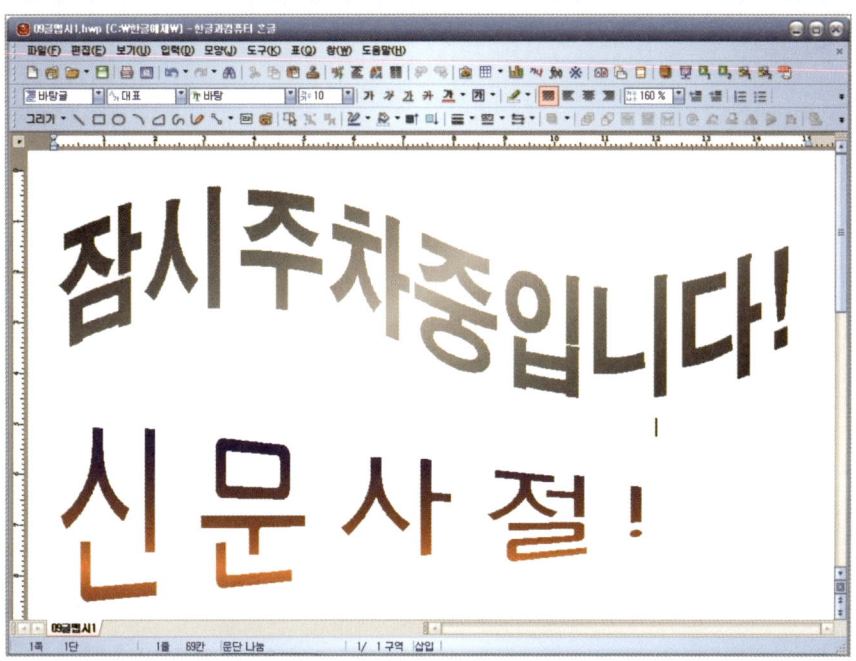

02 글맵시 기능을 이용해 다음과 같은 글을 작성하고 꾸며 보세요.

10장 문서에 한자와 기호 넣기

한글 2007에서는 문서에 한자를 쉽게 삽입할 수 있습니다. 한자 목록에서 해당 음을 가진 한자를 선택할 수 있고 자전을 이용해 뜻을 확인할 수 있으며 자주 사용하는 한자어는 단어 단위로 변환할 수 있습니다. 또한 다양한 모양의 기호들을 제공하므로 필요에 따라 삽입할 수도 있습니다. 기호와 한자 삽입 방법에 대해 알아봅니다.

▌ 이런걸 배워요! ▌ 기호 삽입, 한자 삽입

미 리 보 기

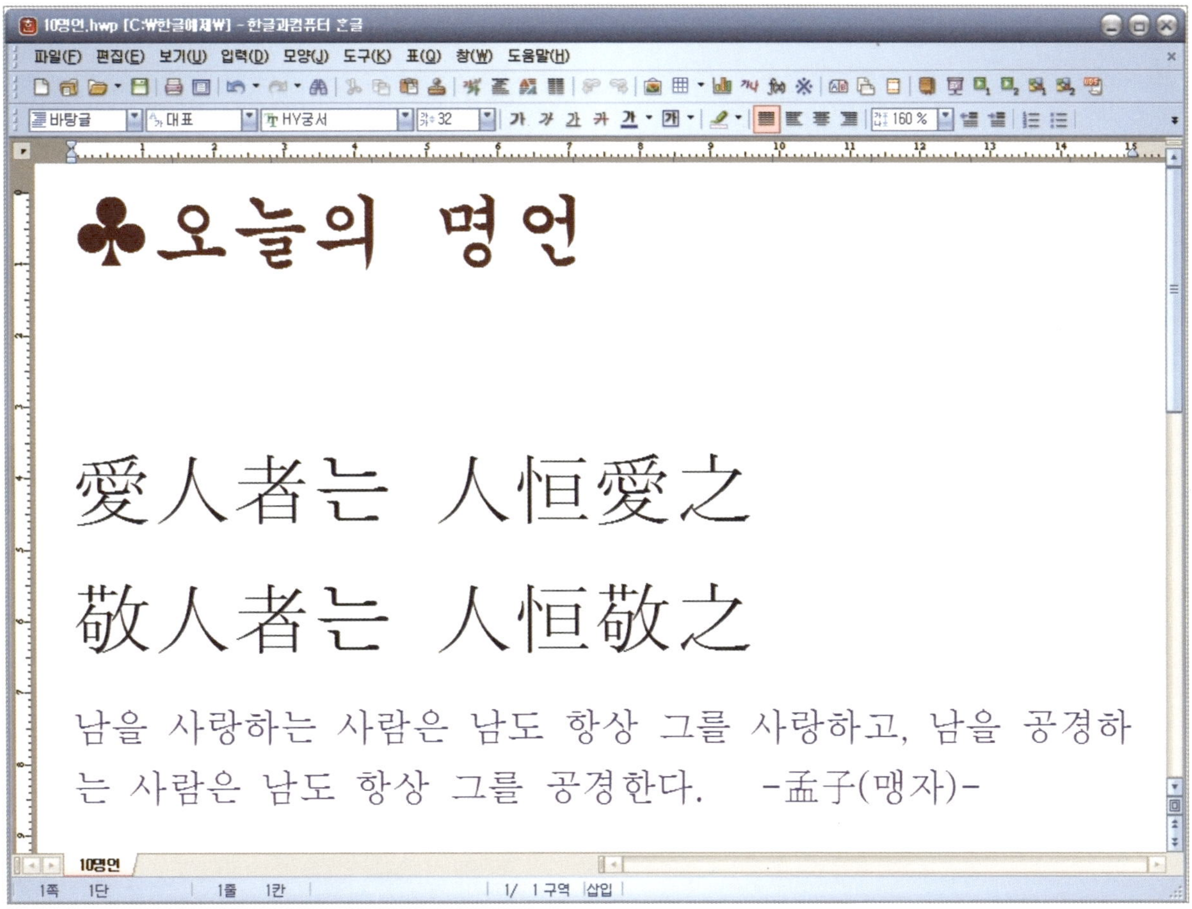

```
10명언.hwp [C:\한글예제\] - 한글과컴퓨터 흔글
파일(F)  편집(E)  보기(U)  입력(D)  모양(J)  도구(K)  표(Q)  창(W)  도움말(H)
```

♣ 오늘의 명언

愛人者는 人恒愛之
敬人者는 人恒敬之

남을 사랑하는 사람은 남도 항상 그를 사랑하고, 남을 공경하는 사람은 남도 항상 그를 공경한다.   -孟子(맹자)-

01 새 문서를 열고 다음과 같이 내용을 입력한 후 글자 모양을 꾸밉니다.

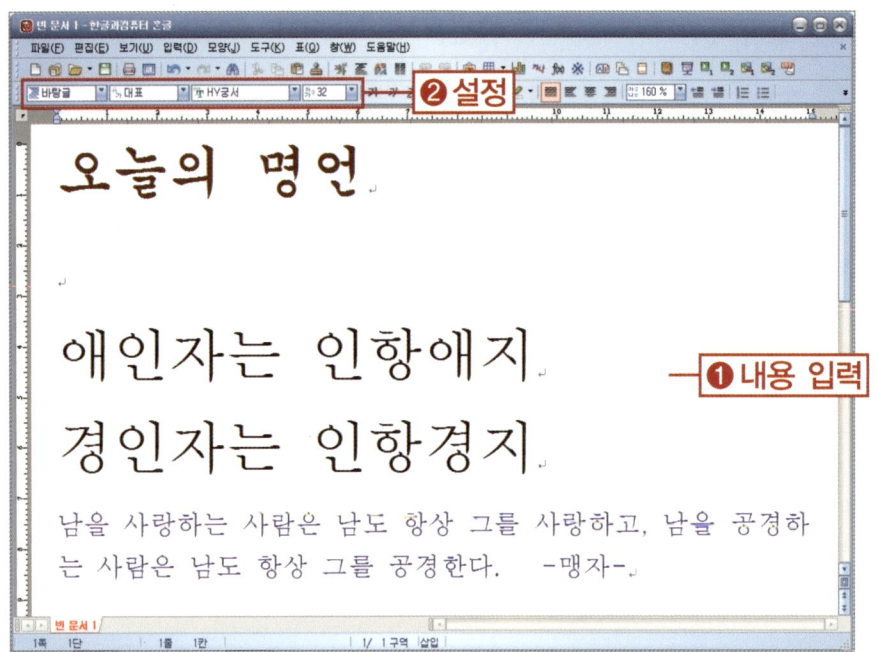

TIP 글자 모양 : [제목] HY궁서, 32 / [한자어] 바탕, 32 / [뜻 풀이] 바탕, 15

02 문서의 첫 줄 처음에 커서를 놓고 메뉴의 [입력]-[문자표]를 클릭합니다. [문자표 입력] 대화상자의 [한글(HNC)문자표]에서 [전각 기호(일반)]을 선택하고 '♣' 기호를 찾아 클릭합니다. [넣기]-[닫기]의 순으로 클릭합니다.

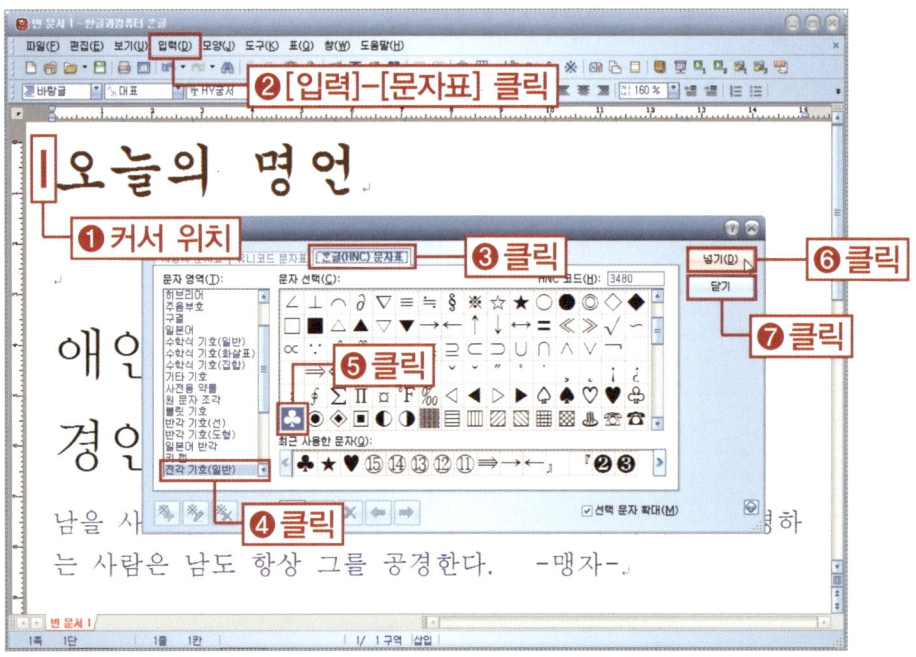

TIP 기호를 더 넣으려면 [닫기]를 클릭하지 않고 문서에서 기호를 넣을 곳을 클릭해 커서를 위치시킨 후 기호를 골라 클릭하고 [넣기]를 클릭합니다.

03 '애인' 뒤에 커서를 놓고 F9 를 누릅니다. [한자로 바꾸기] 대화상자가 나타나면 [한자 목록]에서 변환할 한자 단어를 선택하고 [바꾸기]를 클릭합니다.

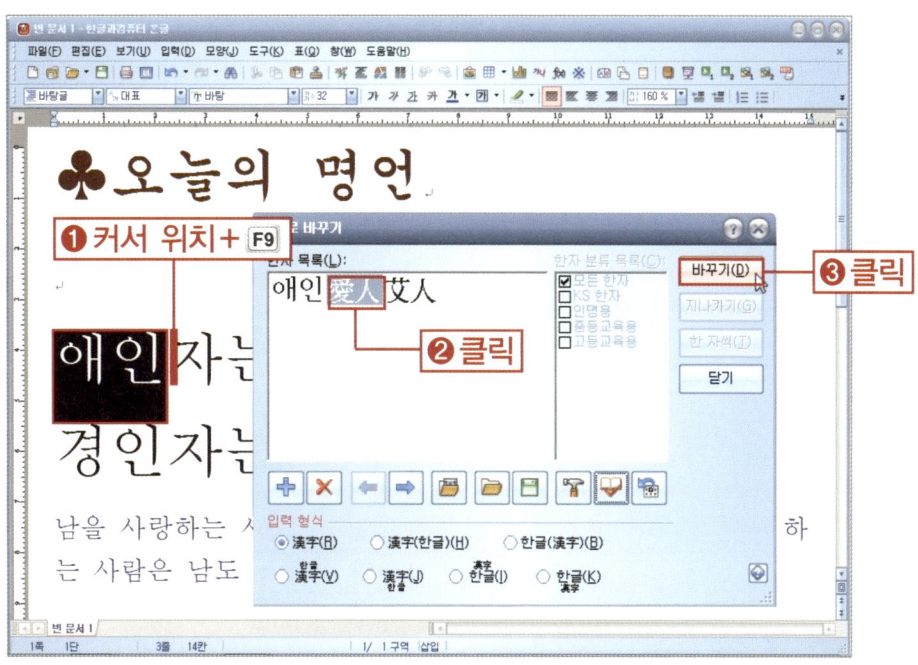

TIP 자주 사용되는 한자는 단어 단위로 제공되므로 한 번에 변환할 수 있습니다.

04 '자' 뒤에 커서를 놓고 다시 F9 를 눌러 대화상자를 엽니다. 변환할 한자를 선택한 후 [자전 보이기](▼)를 클릭해 뜻을 확인합니다. 찾는 한자가 맞으면 [바꾸기]를 클릭합니다.

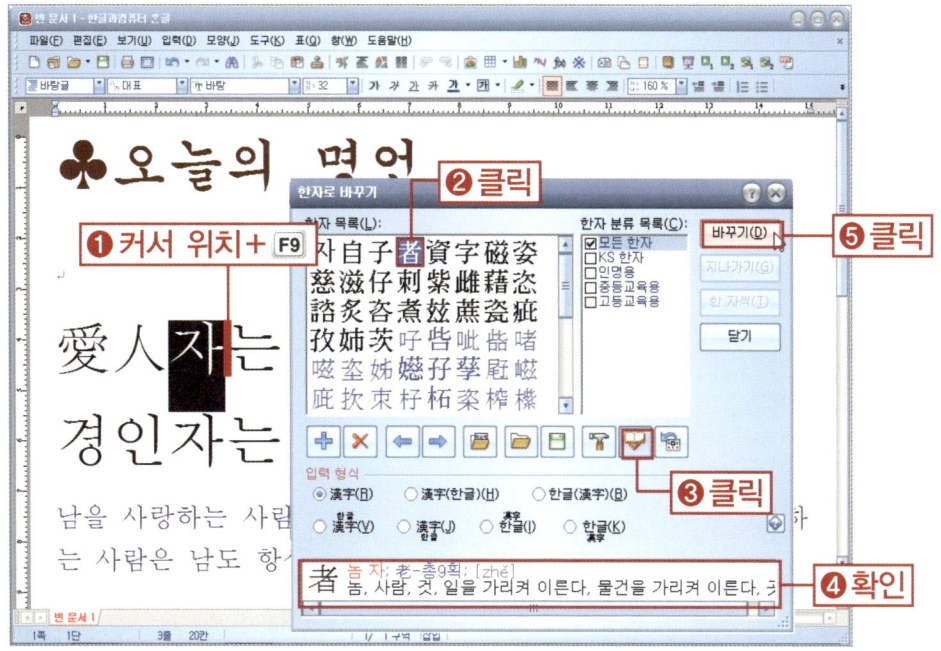

TIP 잘못 변환했을 경우 변환된 한자어 뒤에 커서를 놓고 다시 F9 를 누르면 한글로 바뀝니다.

05 나머지 한자들도 위와 같은 방법으로 F9 를 눌러 알맞은 한자로 변환합니다. 맨 아래 '맹자' 오른쪽에 커서를 놓고 F9 를 누릅니다.

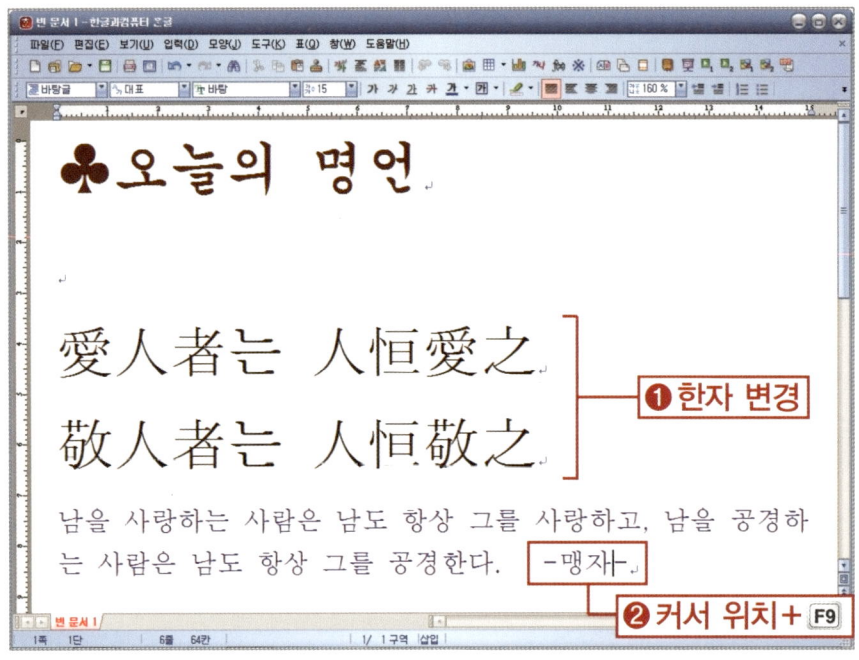

06 대화상자가 나타나면 [한자 목록]에서 알맞은 한자 단어를 선택하고 [입력 형식]에서 '漢字(한글)'을 선택한 후 [바꾸기]를 클릭합니다.

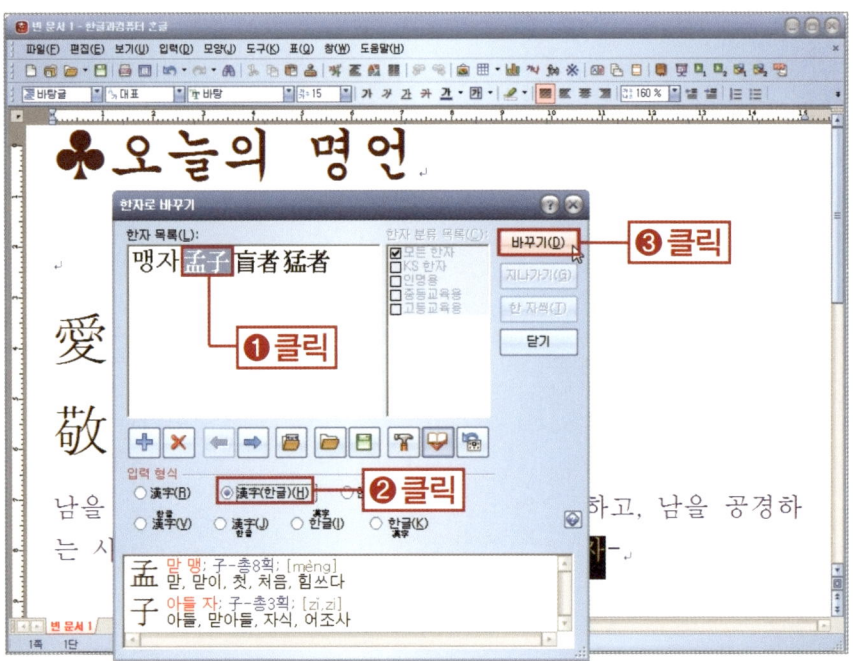

연습문제

01 다음과 같이 기호를 삽입해 가훈을 작성하고, 한자로 변환해 보세요.

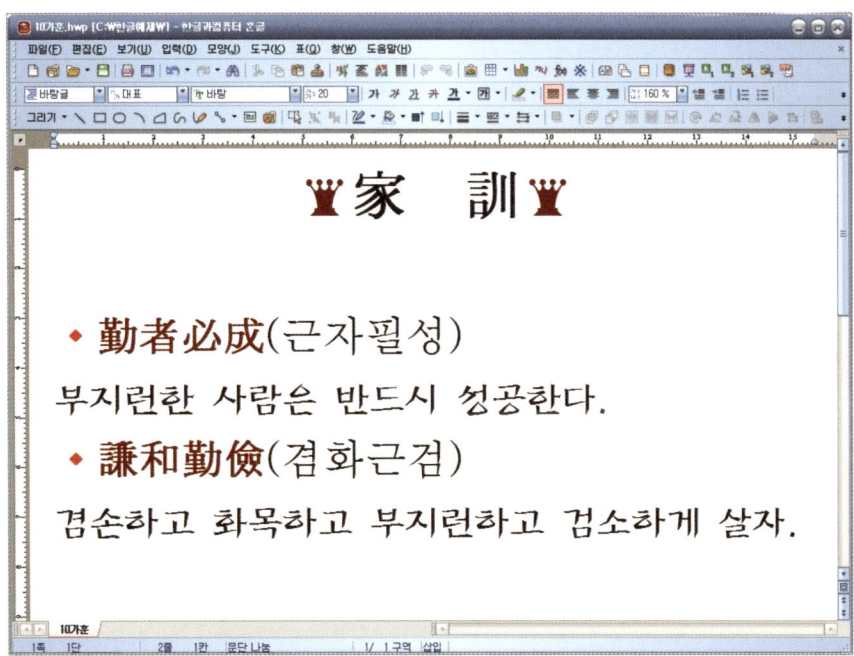

02 다음과 같이 기호를 삽입해 24절기를 작성하고, 입력 형식을 '한자(漢子)'로 선택해 한자를 변환해 보세요.

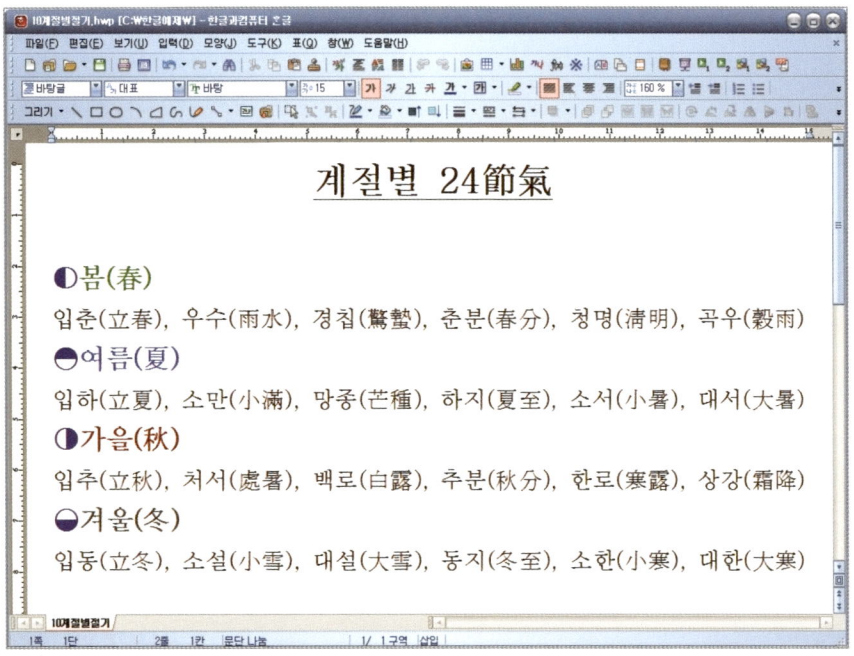

한글 2007

척척! 요일별
스케줄표 만들기

한글 2007의 표 기능은 어려운 표를 손쉽게 만들 수 있도록 도와줍니다. 만들어진 표는 사용자가
작성 목적에 맞게 그 크기나 모양을 조절할 수 있고, 표 안의 각 셀에 독립적으로 내용을 입력할 수
도 있습니다. 표 기능으로 간단한 스케줄표를 만들어 봅니다.

| 이런걸 배워요! | 표 삽입, 줄/칸의 크기 조절

미 리 보 기

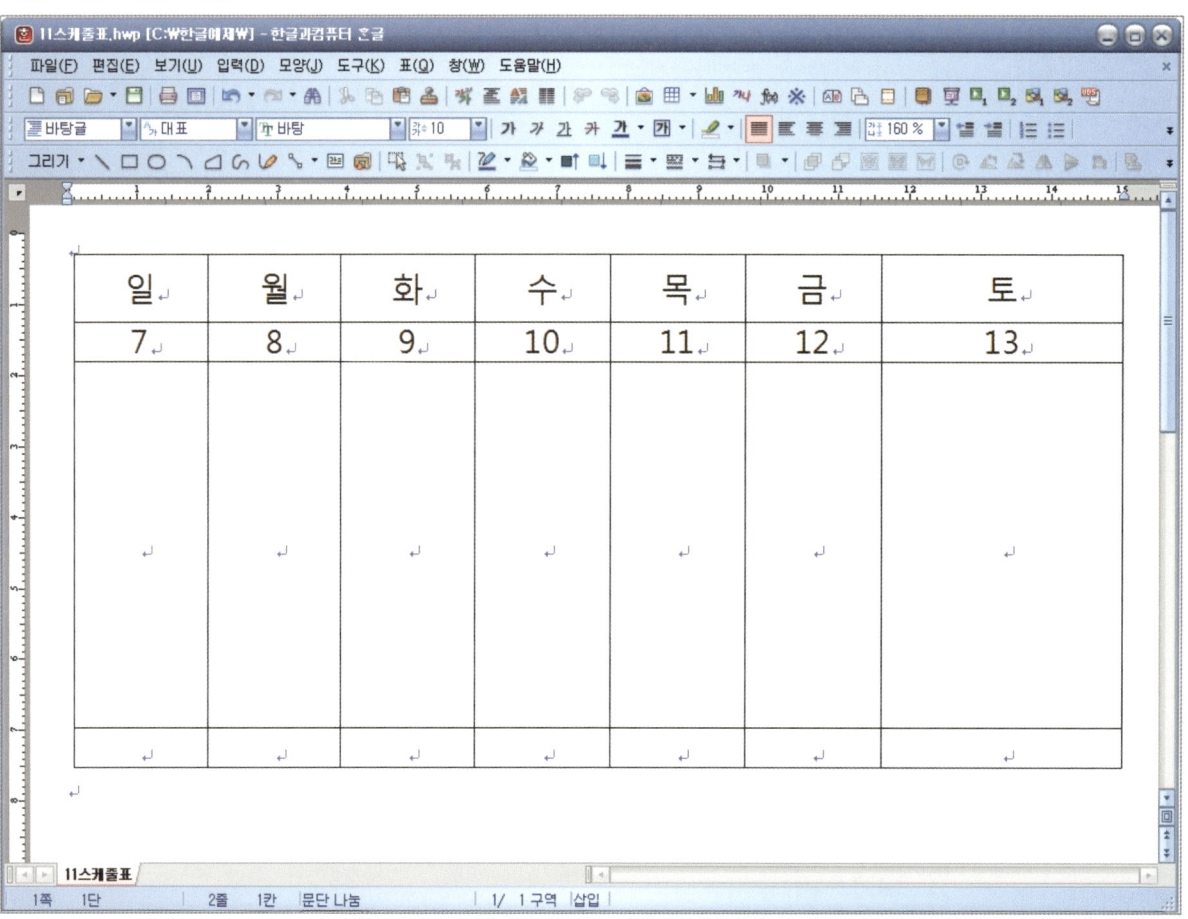

01 [기본 도구 상자]에서 [표 만들기](⊞▾)의 목록 단추를 클릭하고 마우스를 드래그해 '4×7'이 되면 클릭합니다.

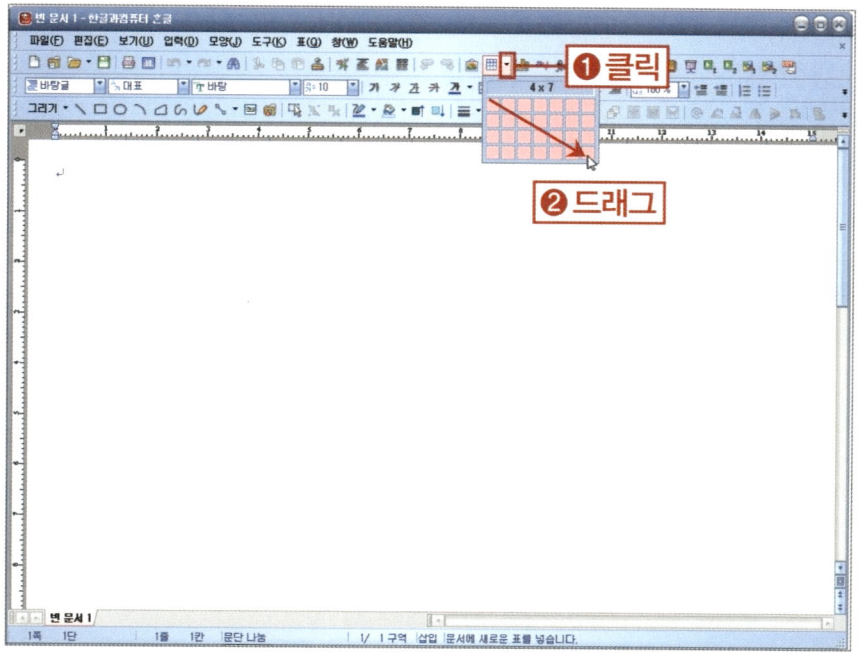

02 표가 삽입되면 각각의 셀 안을 클릭해 내용을 입력합니다.

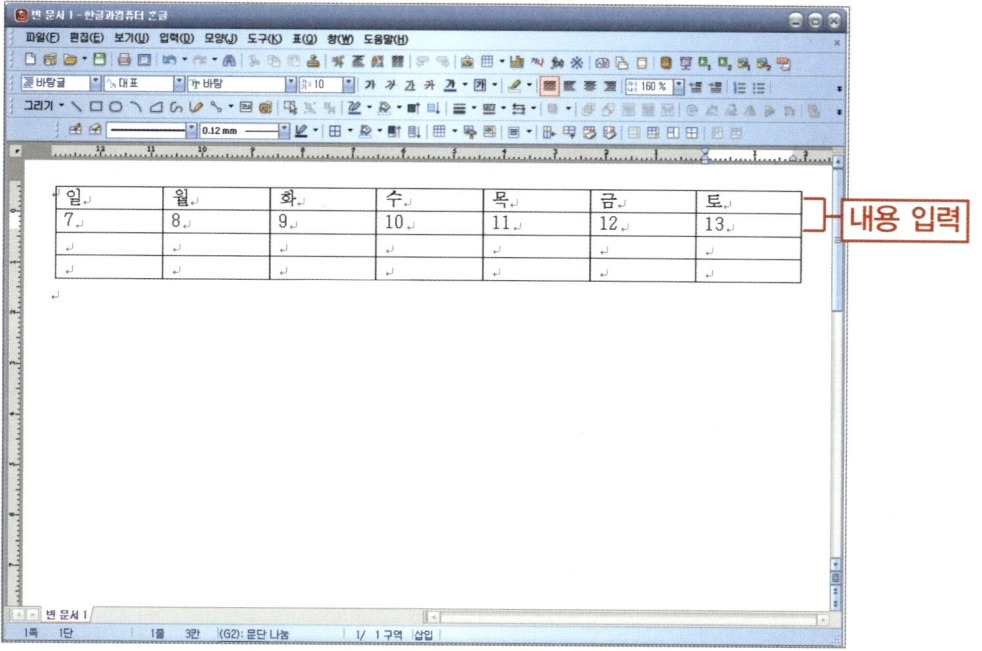

일	월	화	수	목	금	토
7	8	9	10	11	12	13

TIP 셀 사이의 이동은 마우스를 클릭하거나 키보드의 화살표 키를 누릅니다.

03 표 전체를 드래그해 블록을 설정하고 [서식 도구 상자]에서 [가운데 정렬](≡)을 클릭합니다. [글꼴]을 '맑은 고딕' 으로, [글자 크기]를 '13' 으로 설정합니다.

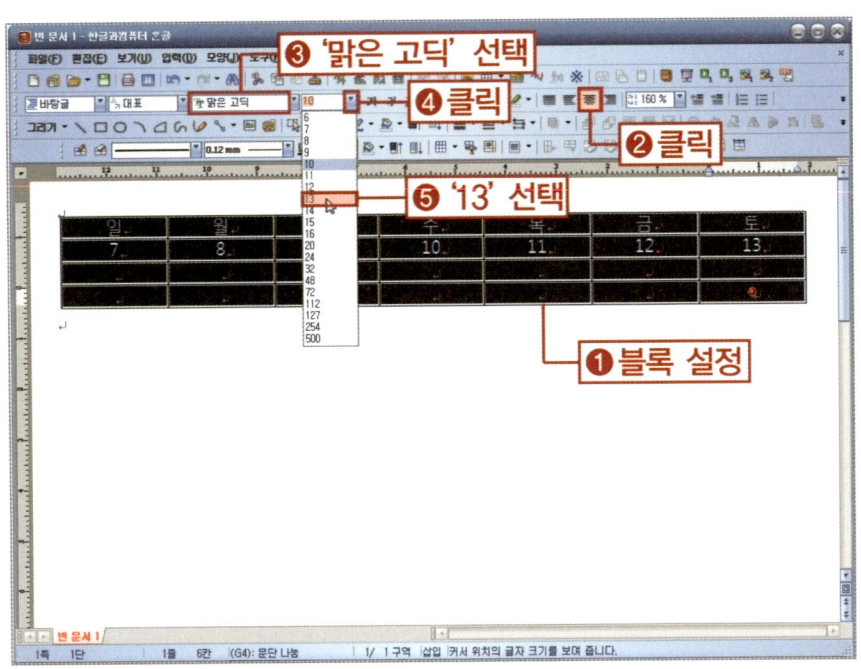

04 첫째 줄의 아무 셀에나 커서를 놓고 키보드의 F5를 눌러 셀 하나를 블록 설정합니다. 키보드의 Ctrl 을 누른 채 화살표 키 ↓를 네 번 눌러 선택된 셀의 높이를 늘립니다.

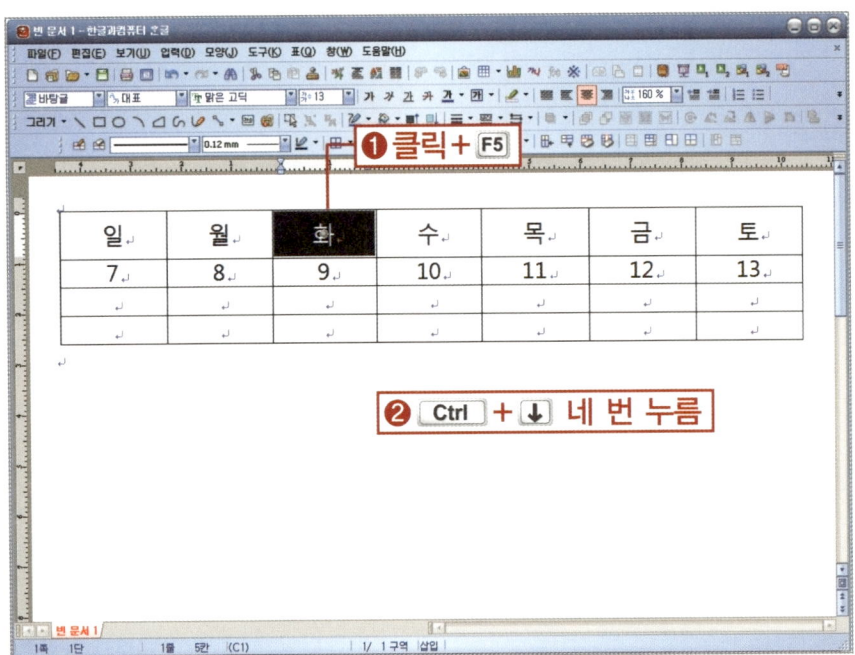

05 세 번째 줄로 이동한 후 다시 셀 하나를 블록 설정하고 Ctrl 을 누른 채 화
살표 키 ↓를 어러 번 눌러 선택된 셀의 높이를 다음과 같이 늘립니다.

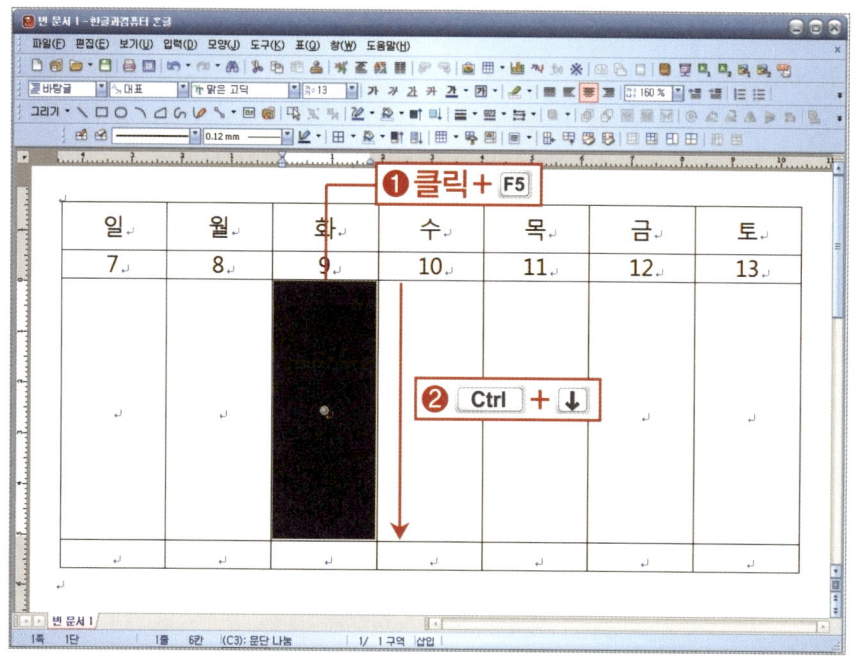

06 일요일 칸부터 금요일 칸까지 드래그하여 블록 설정하고 Ctrl 을 누른 채
화살표 키 ←를 두 번 눌러 셀 너비를 줄입니다. 다시 토요일 칸만 선택한
후 Ctrl 을 누른 채 화살표 키 →를 여러 번 눌러 셀 너비를 늘입니다.

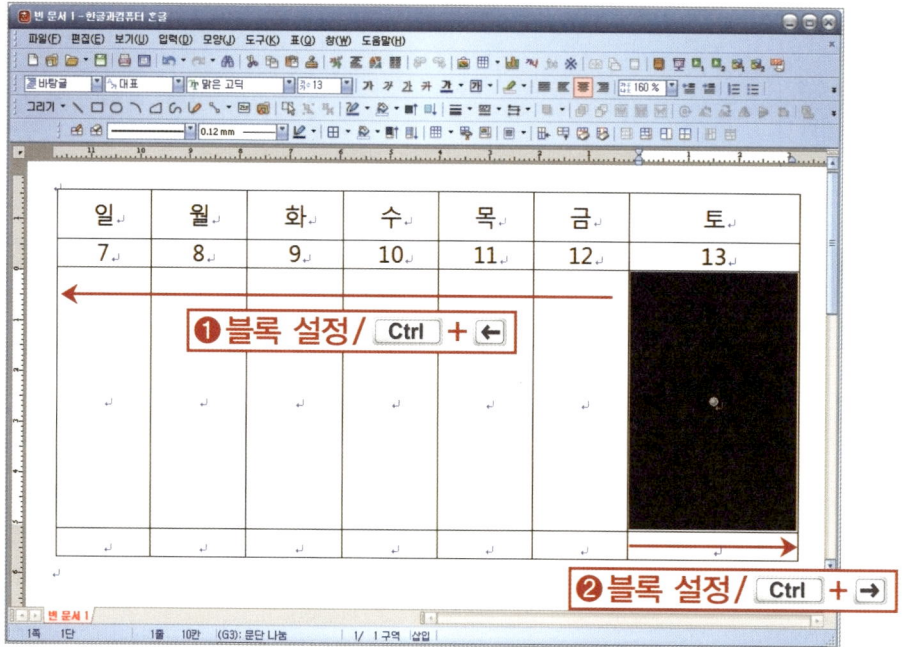

01 '6×7'의 표를 삽입한 후 크기를 조절하고 내용을 입력해 달력을 완성해 보세요.

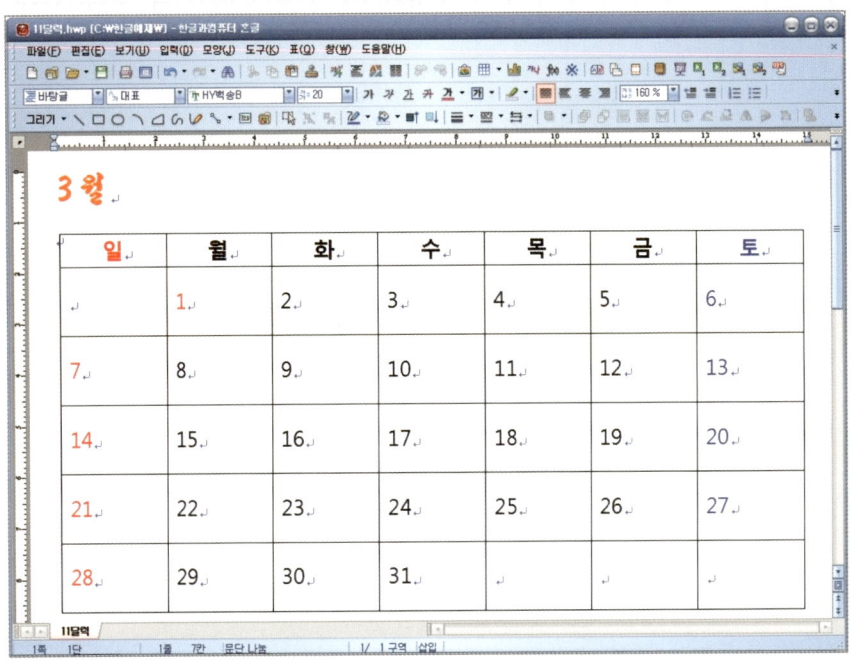

02 '8×5'의 표를 삽입한 후 크기를 조절하고 내용을 입력해 회원 명단을 완성해 보세요.

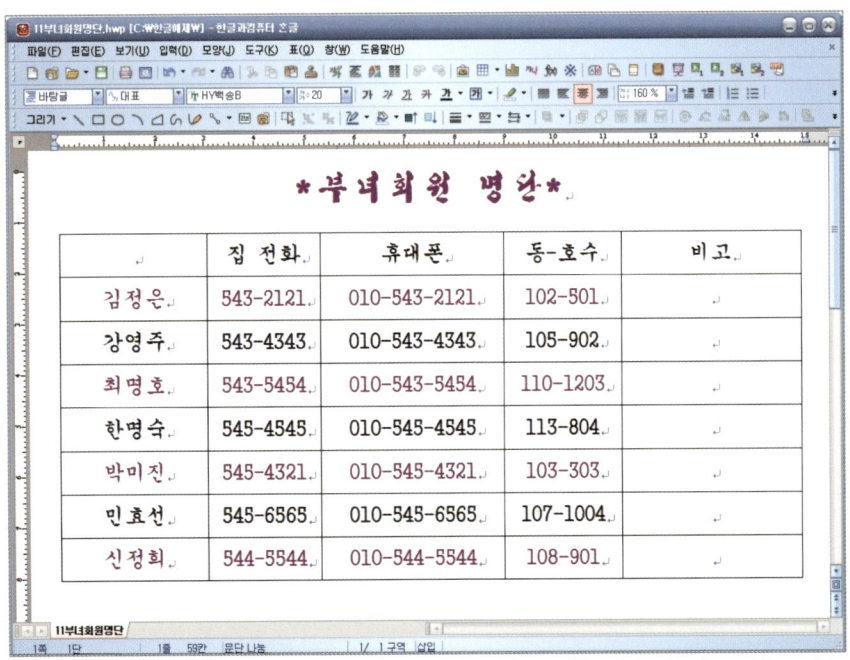

12장

다양한 크기와 색으로 표 꾸미기

삽입된 표는 셀 하나하나의 크기뿐 아니라 테두리의 색, 배경 색, 무늬 등도 꾸밀 수 있습니다. 셀의 테두리와 배경 색을 설정해 보다 멋진 표로 꾸며 봅니다.

| 이런걸 배워요! | 셀 테두리 설정, 배경 색 설정

미 리 보 기

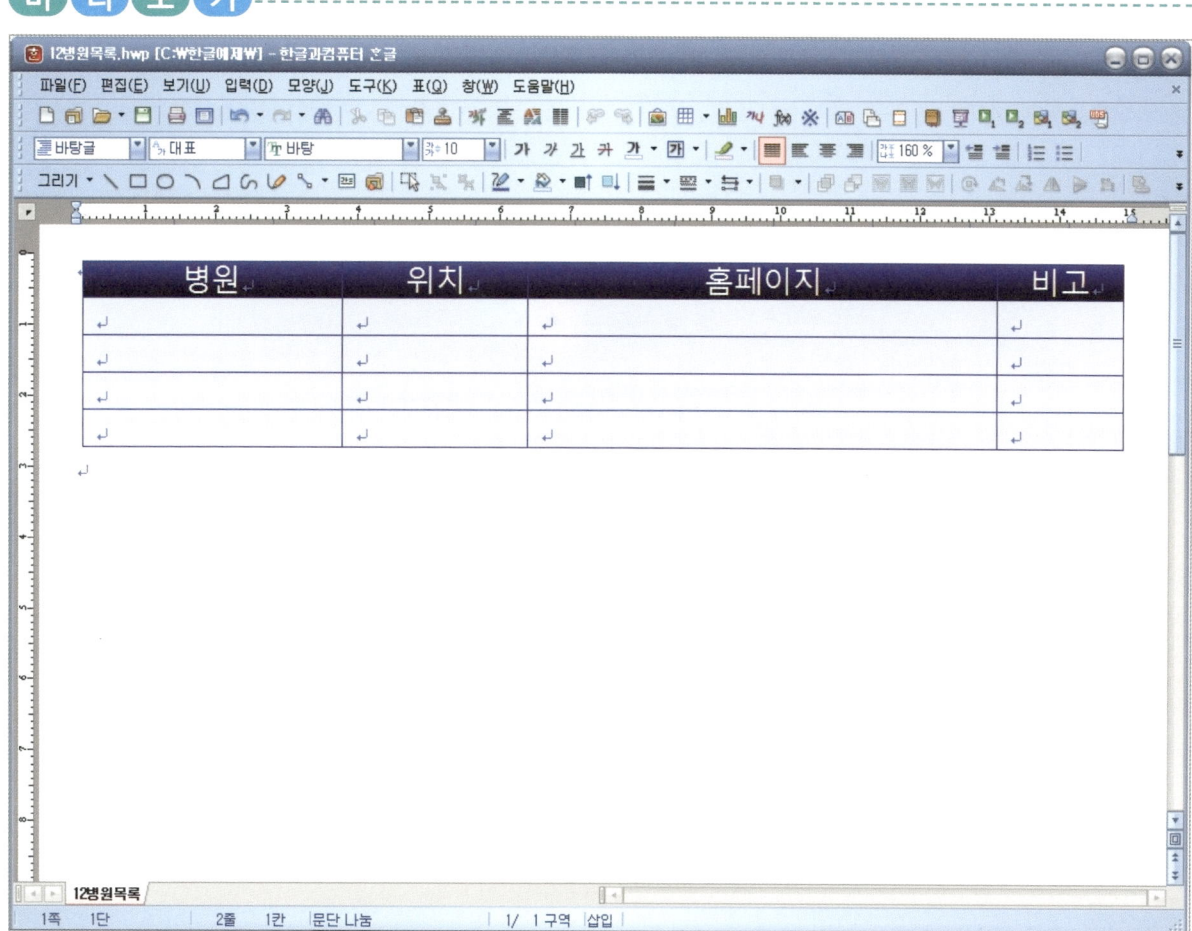

01 [기본 도구 상자]에서 [표 만들기](▦·)의 목록 단추를 클릭하고 마우스를 드래그해 '5×4'의 표를 삽입합니다.

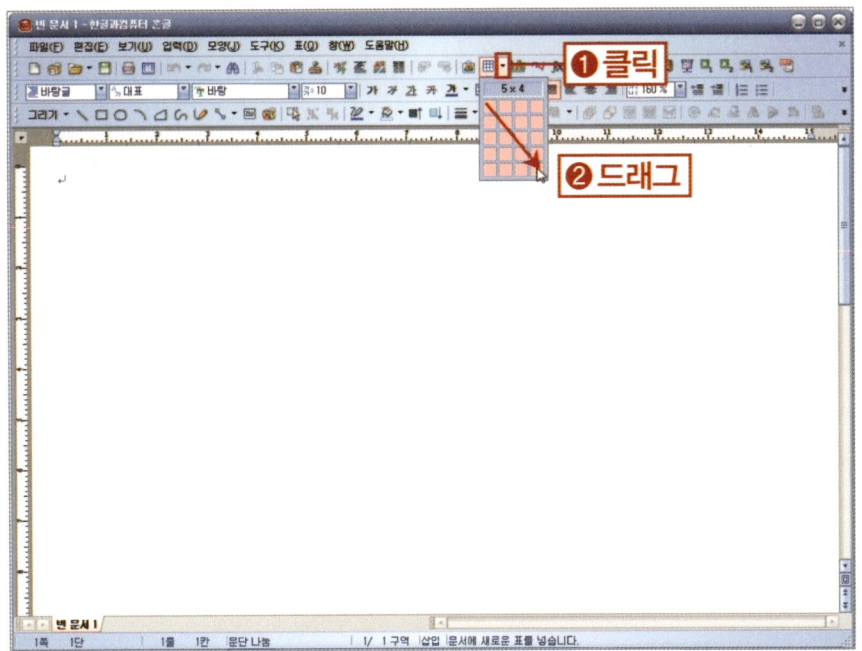

02 표가 삽입되면 두 번째 세로줄에 마우스 포인터를 놓고 왼쪽으로 드래그해 둘째 칸의 셀 너비를 줄입니다. 다시 셋째 줄에 마우스 포인터를 놓고 오른쪽으로 드래그해 셋째 칸은 넓히고 넷째 칸은 줄입니다.

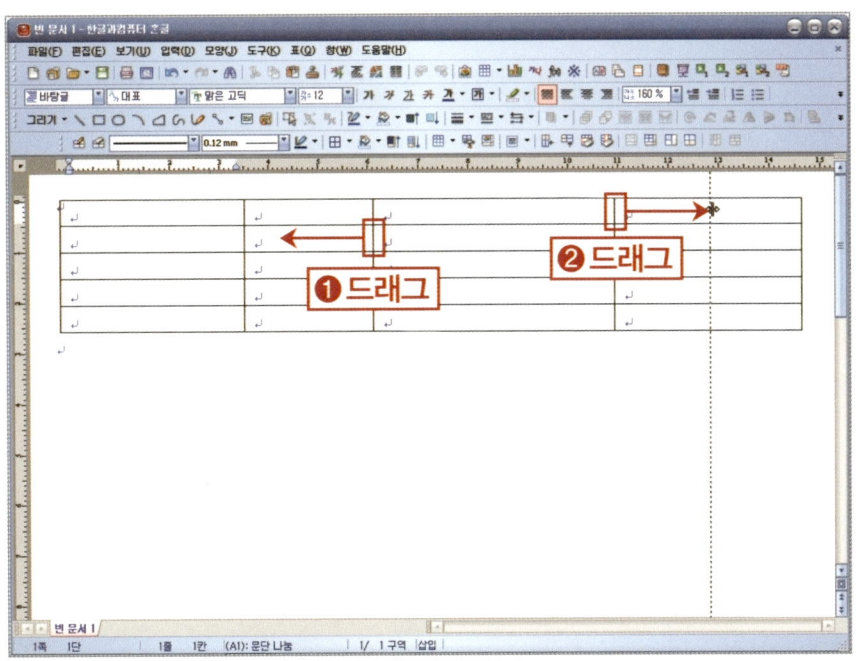

TIP 표의 테두리를 제외한 안쪽 선들을 드래그해 크기를 조절하면 표 전체의 크기는 변하지 않습니다.

03 표 전체를 드래그해 블록 설정한 후 [셀 테두리/배경](📧)을 클릭합니다. [셀 테두리/배경] 대화상자의 [테두리] 탭에서 [색]을 클릭하고 '남색'을 선택한 후 미리 보기 창에서 [모두]를 클릭합니다.

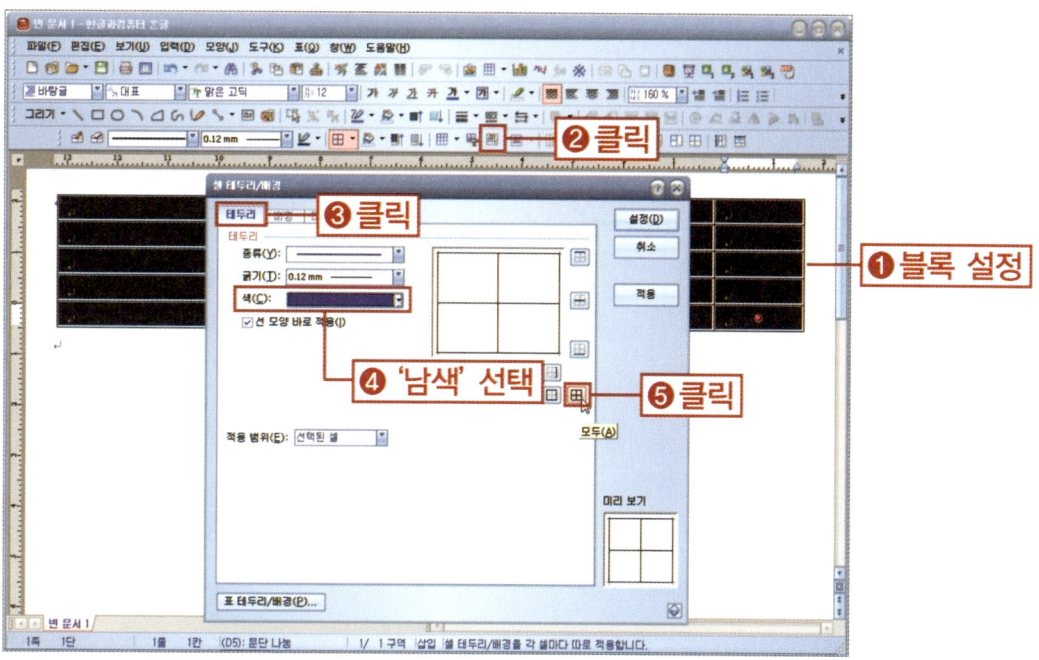

04 [배경] 탭을 클릭해 이동합니다. [색]을 클릭하고 [면 색]을 클릭해 '연한 하늘색(RGB:224,229,250)'을 선택하고 [설정]을 클릭합니다.

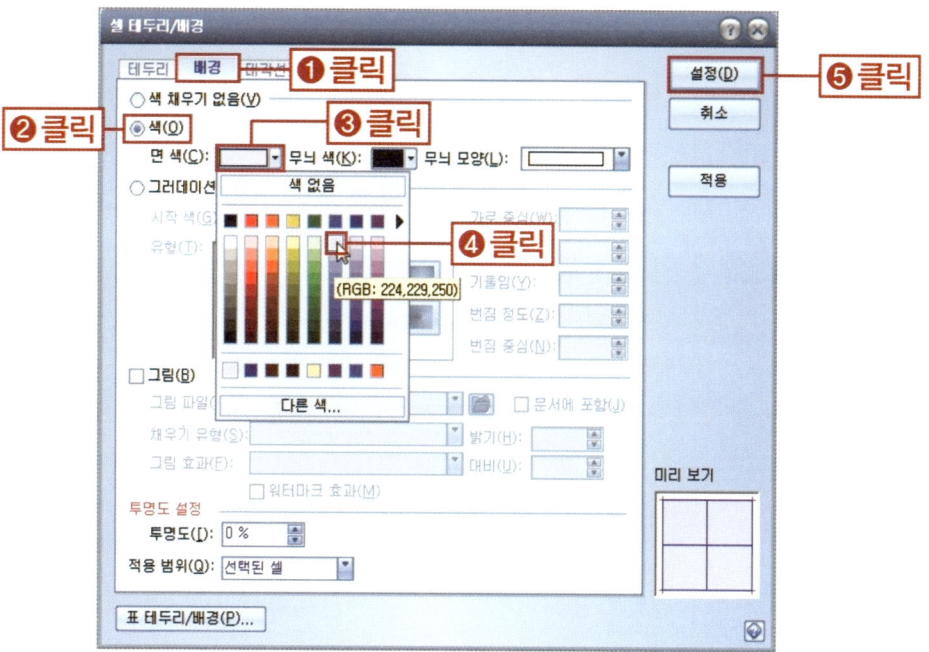

05 다시 첫째 줄만 드래그해 블록 설정한 후 [셀 테두리/배경](📳)을 클릭합니다. 대화상자의 [배경] 탭에서 [그러데이션]을 클릭하고 [유형]에서 '클래식' 을 선택한 후 [설정]을 클릭합니다.

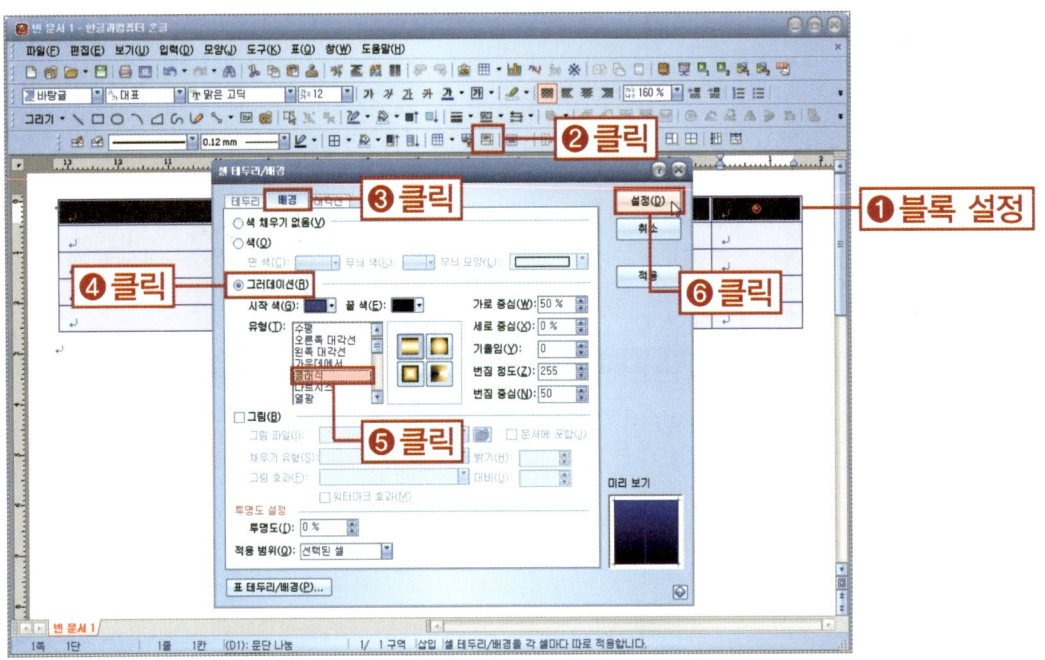

TIP 변경될 배경 색은 오른쪽 하단의 [미리 보기]에서 확인할 수 있습니다.

06 표의 모양이 완성되면 [글자 크기]를 '12' 로, [글꼴]을 '맑은 고딕' 으로 설정하고 [가운데 정렬]을 클릭한 후 내용을 입력합니다. 이 때 첫째 줄은 배경 색이 진하므로 [글자 색]을 '흰색' 으로 설정합니다.

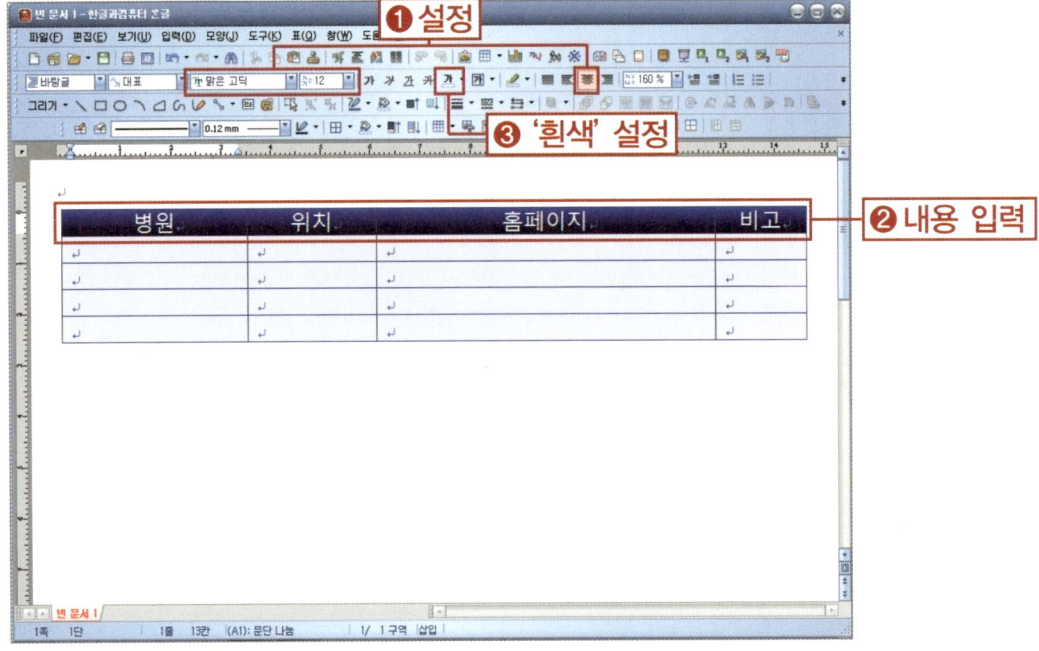

연습문제

01 '14×5'의 표를 만들고 셀 배경과 테두리 선을 다음과 같이 설정해 보세요.

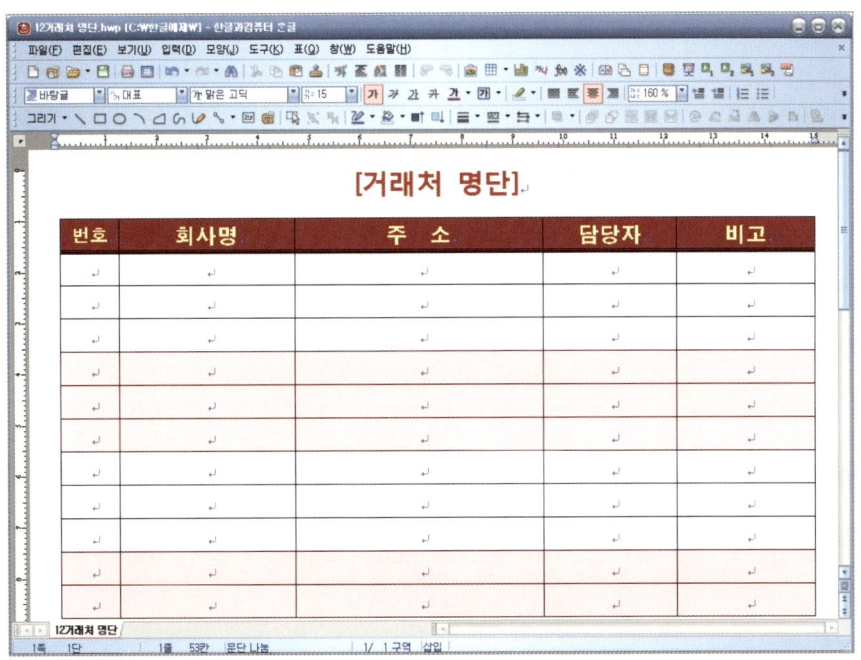

02 '11×8'의 표를 만들고 셀 배경(그러데이션–그리움)과 테두리 선을 다음과 같이 설정해 보세요.

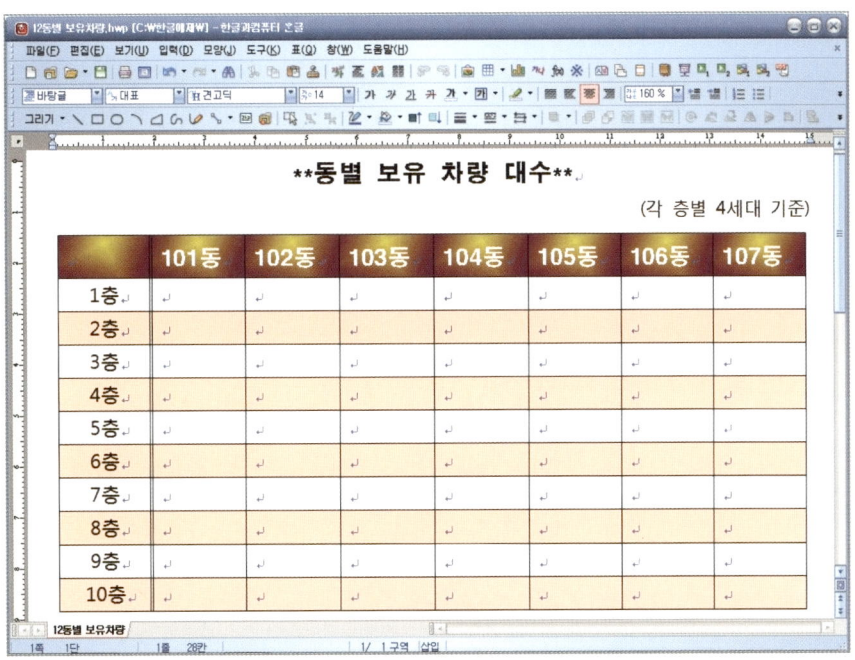

13장

나누고 합치고
복잡한 표 완성하기

문서의 내용을 추가, 삭제 또는 수정하기 위해 작성된 표의 모양을 변경해야 하는 경우 표의 나누기와 합치기 기능을 이용하면 셀을 손쉽게 분리 또는 병합할 수 있습니다. 또한 줄 또는 칸을 원하는 곳에 추가하거나 삭제해 내용을 수정할 수도 있습니다. 표의 모양을 변경하는 방법을 알아봅니다.

| 이런걸 배워요! | 표 수정

미 리 보 기

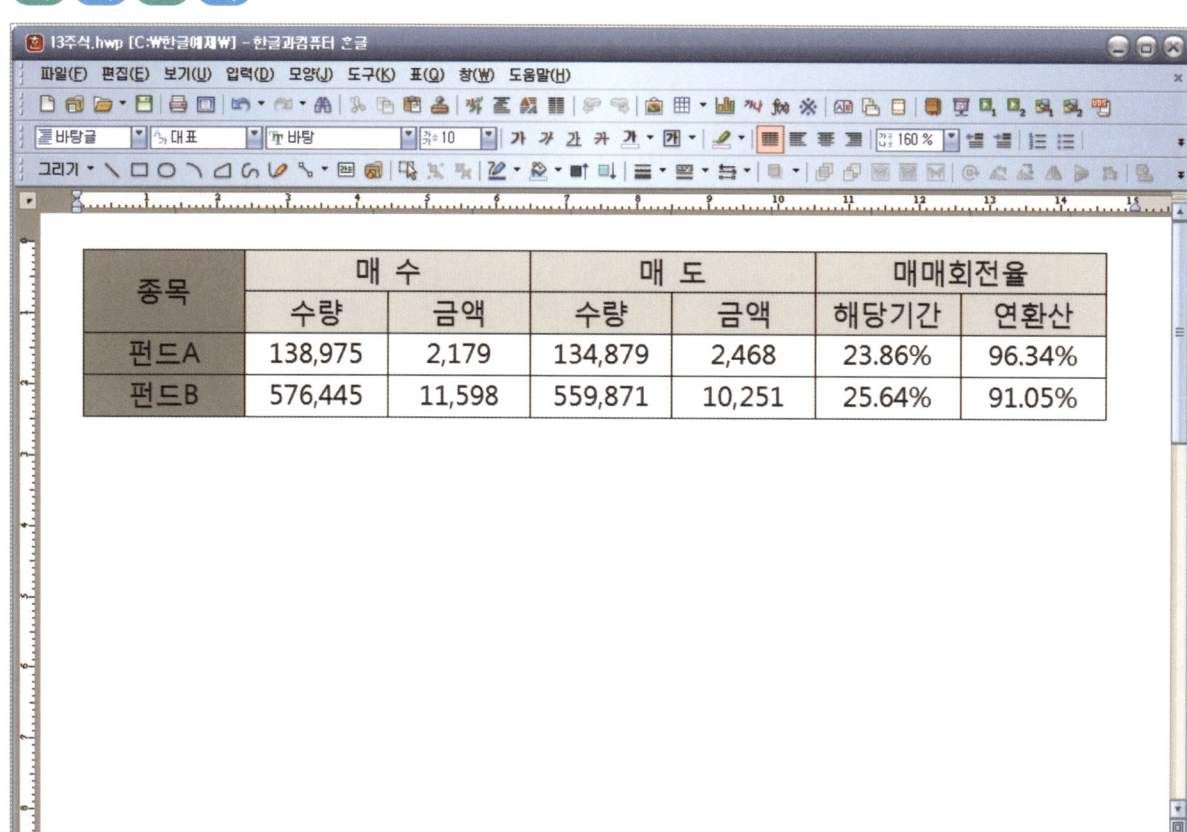

01 [표 만들기](⊞▾)를 클릭해 '4×4'의 표를 삽입합니다. 첫째 칸에서 F5를 눌러 블록을 설정한 후 Ctrl + ← 을 여러 번 눌러 셀 너비를 줄입니다.

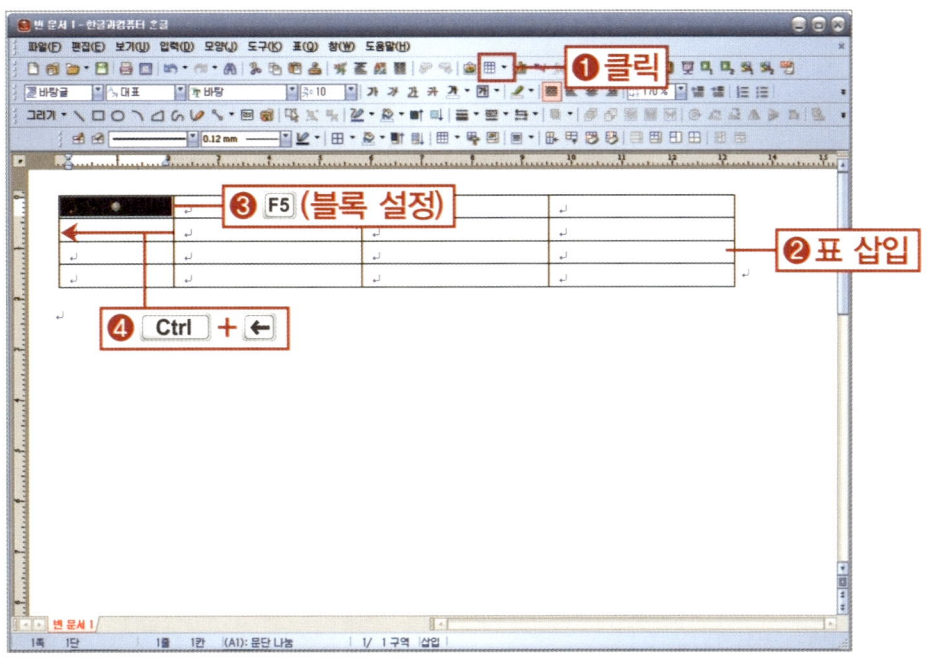

02 다음과 같이 첫째 칸의 두 셀을 드래그해 블록을 설정한 후 [표 도구 상자]에서 [셀 합치기](⊞)를 클릭합니다.

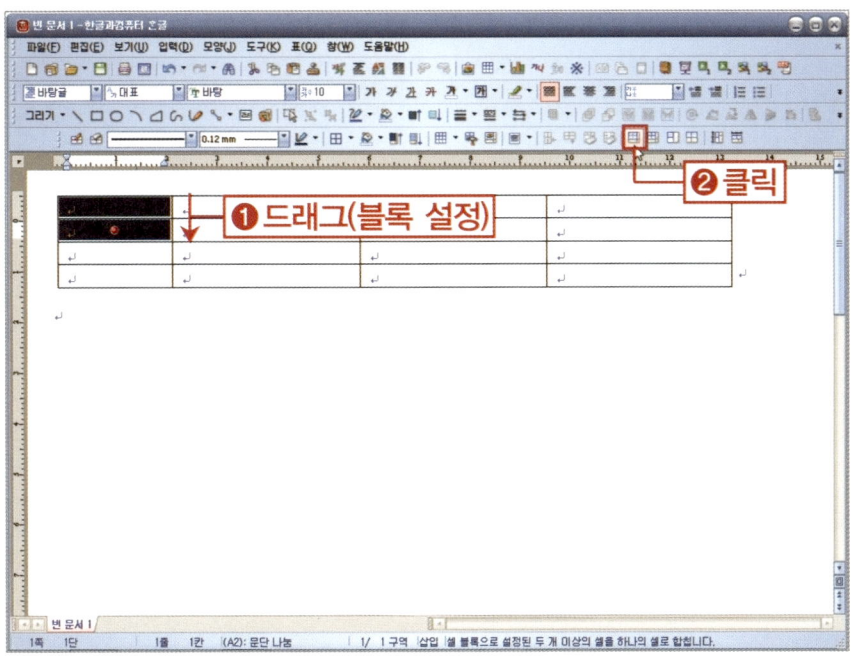

TIP [셀 합치기]는 두 개 이상의 셀을 선택해야 실행할 수 있습니다.

03 이번에는 첫째 줄의 오른쪽 두 셀을 블록 설정한 후 [표 도구 상자]에서 [셀 합치기](▦)를 클릭합니다.

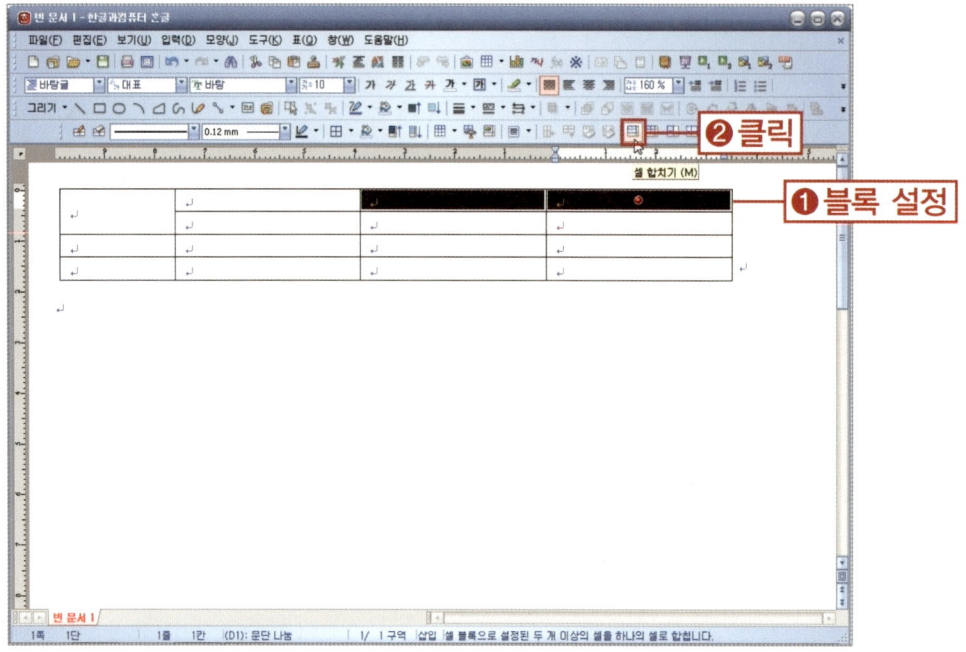

04 둘째 칸의 세 셀을 블록 설정한 후 [표 도구 상자]에서 [셀 칸으로 나누기] (▦)를 클릭합니다.

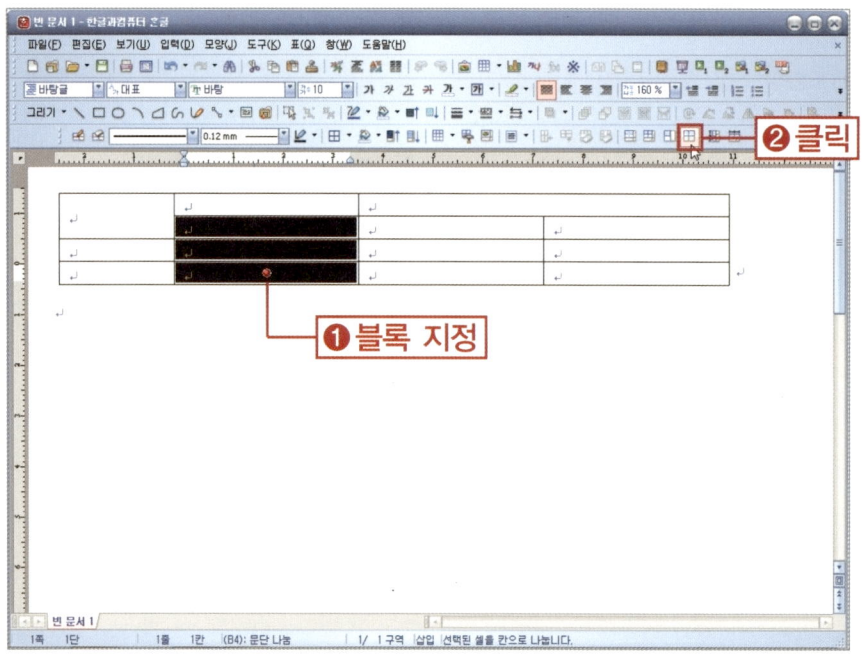

TIP [셀 줄로 나누기](▦)를 클릭하면 선택한 셀이 가로 방향으로 나뉩니다.

05 오른쪽 두 셀을 블록 설정한 후 Ctrl + ← 을 눌러 셀 너비를 줄입니다. 오른쪽 끝 칸의 셀에 커서를 놓고 [표 도구 상자]에서 [오른쪽에 칸 추가하기](📭)를 두 번 클릭합니다.

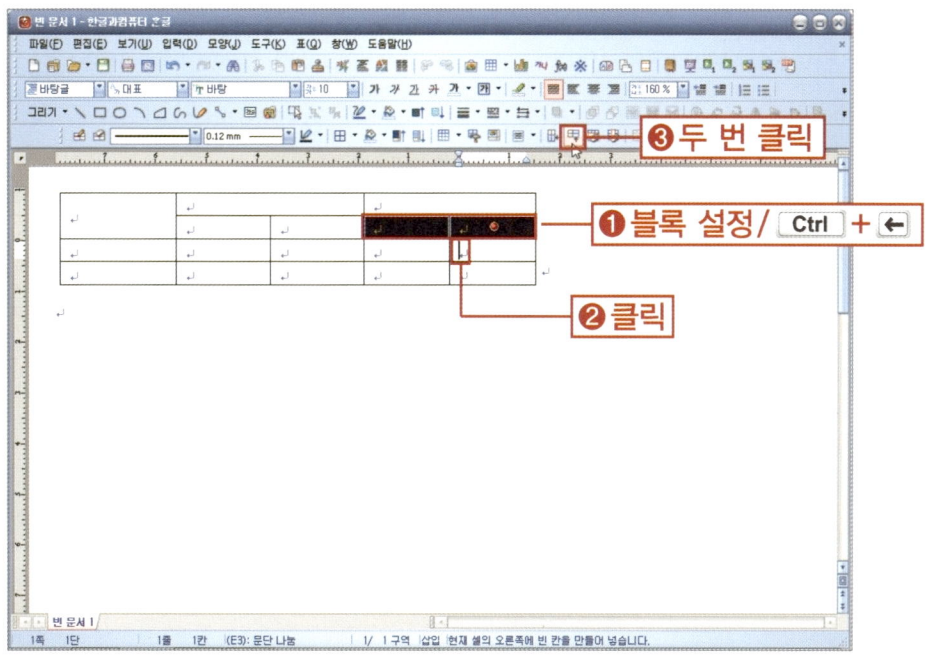

06 추가된 두 칸의 첫째 줄을 블록 설정하고 [셀 합치기](📭)를 클릭합니다. 내용을 입력하고 글자 모양과 배경색을 설정해 표를 완성합니다.

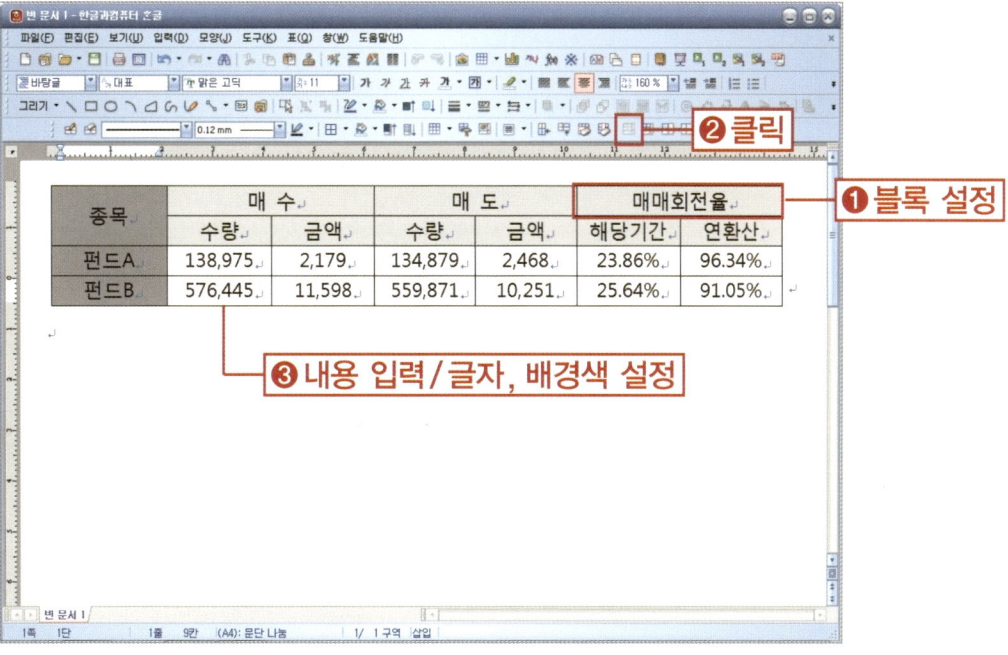

종목	매 수		매 도		매매회전율	
	수량	금액	수량	금액	해당기간	연환산
펀드A	138,975	2,179	134,879	2,468	23.86%	96.34%
펀드B	576,445	11,598	559,871	10,251	25.64%	91.05%

01 '2×6' 의 표를 삽입한 후 다음과 같이 셀 합치기를 실행해 보세요.

02 위 1번의 표에서 아래에 줄을 삽입하고 셀 배경색을 설정한 후 셀 높이를 늘려 보세요.

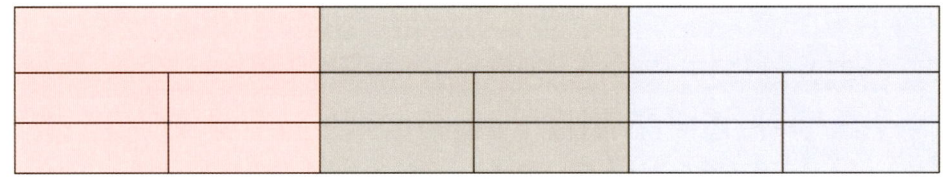

03 전체 셀 너비를 줄이고 오른쪽 끝에 칸을 추가한 후 아래 두 줄을 다음과 같이 칸으로 나누어 보세요.

14장

인터넷에서 여행 상품 조사하기

인터넷 검색 중에 필요한 데이터가 생긴 경우 텍스트나 그림 등을 각각 복사한 후 한글 2007에 붙여서 한글 문서로 편집해 사용할 수 있습니다. 유용한 자료들을 한글 문서로 만들어 활용하는 방법에 대해 알아봅니다.

| 이런걸 배워요! | 인터넷 검색, 그림 복사, 텍스트 복사

미 리 보 기

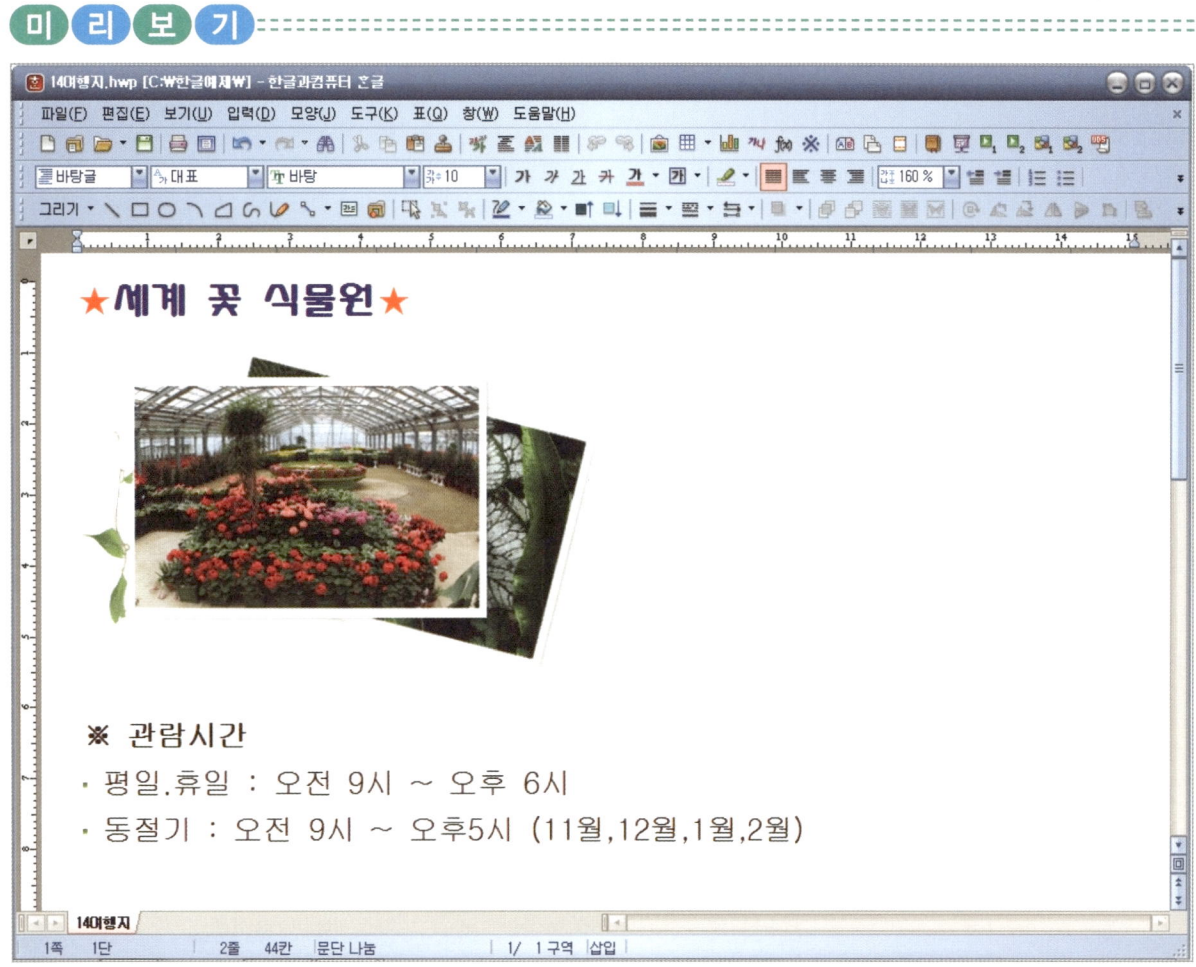

01 인터넷 익스플로러를 실행한 후 관광지 정보를 검색하기 위해 '충남도청' 홈페이지(www.chungnam.net)로 이동합니다. 메뉴에서 [문화관광]을 클릭합니다.

TIP 홈페이지의 특성상 메뉴의 모양이나 위치가 변경될 수 있으므로 그림과 다른 경우에는 메뉴를 찾아 실행합니다.

02 충남 관광 페이지로 이동하면 '세계꽃식물원'을 입력하고 [검색]을 클릭해 관련 사이트(www.asangarden.com)로 이동합니다.

TIP 제공되는 메뉴에서 다른 관광지를 검색해도 됩니다.

03 사용할 그림 안에서 마우스의 오른쪽 단추를 클릭하고 [복사]를 클릭합니다.

04 한글 2007 문서로 이동한 후 [기본 도구 상자]의 [붙여넣기](📋)를 클릭합니다. [HTML 문서 붙이기] 대화상자가 나타나면 '원본 형식 유지'를 선택하고 [확인]을 클릭합니다.

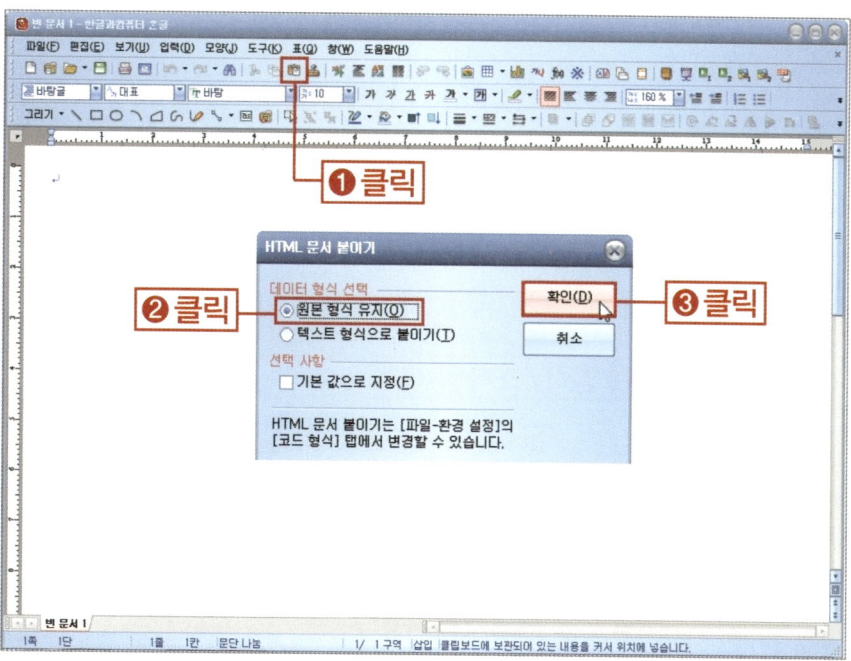

05 다시 웹 사이트로 이동한 후 참고할 텍스트 데이터를 드래그합니다. 범위 안에서 마우스의 오른쪽 단추를 클릭하고 [복사]를 클릭합니다.

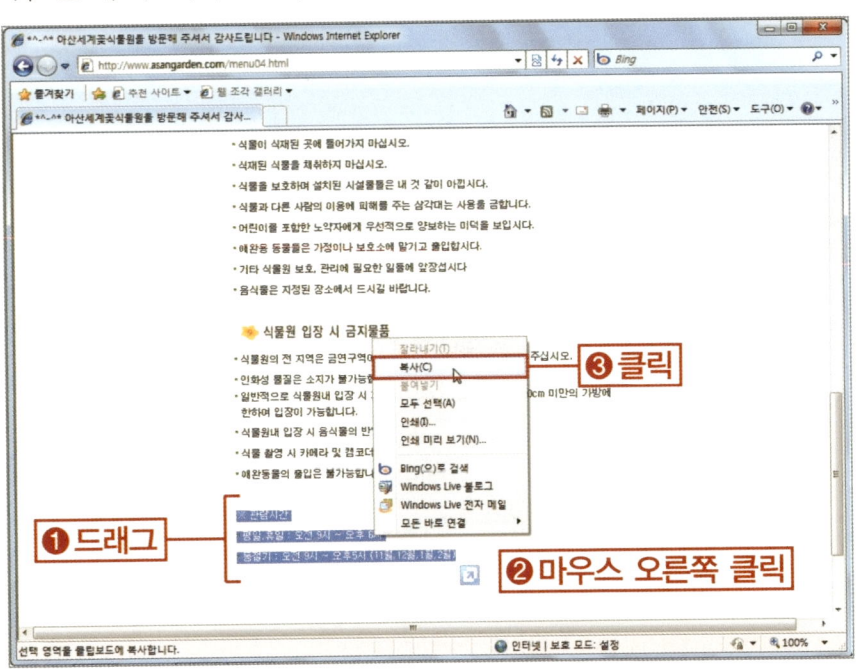

TIP 범위 지정 후 파란색으로 반전된 곳에서 마우스의 오른쪽 단추를 클릭하도록 합니다.

06 한글 2007 문서로 이동해 [붙여넣기]( )를 클릭합니다. [HTML 문서 붙이기] 대화상자가 나타나면 '원본 형식 유지'를 선택하고 [확인]을 클릭합니다. 데이터가 표의 형태로 복사됩니다. 제목을 입력하고 글자 모양을 설정해 문서를 완성합니다.

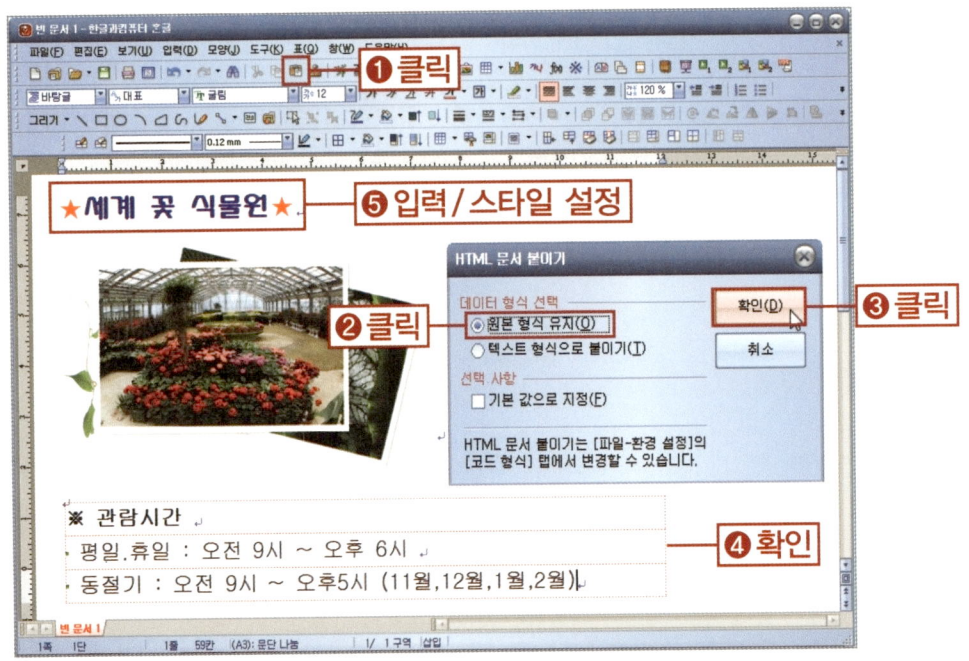

TIP 표의 테두리 선이 투명하게 설정되어 있으므로 화면상으로만 확인할 수 있도록 빨간 점선으로 표시됩니다.

연습문제

01 인터넷에서 좋아하는 꽃의 꽃말을 검색하고 꽃 사진과 꽃말을 한글 2007로 복사해 편집해 보세요.

02 남아메리카의 아마존 지역에 사는 동물 중 하나를 골라 사진과 그 설명을 찾아 한글 2007로 복사해 보세요.

한글 2007

15장
글상자와 쪽 테두리로
내 명함 만들기

[쪽 테두리/배경]은 문서에 특정 스타일의 테두리 선을 삽입하거나 배경 색을 설정하는 기능입니다.
글상자는 표와 달리 하나의 사각형 상자 안에 글이나 그림을 삽입할 수 있습니다. 쪽 테두리와 글상
자 기능을 이용해 자신만의 명함을 만들어 봅니다.

❙ 이런걸 배워요! ❙ 쪽 테두리, 글상자 삽입

미 리 보 기

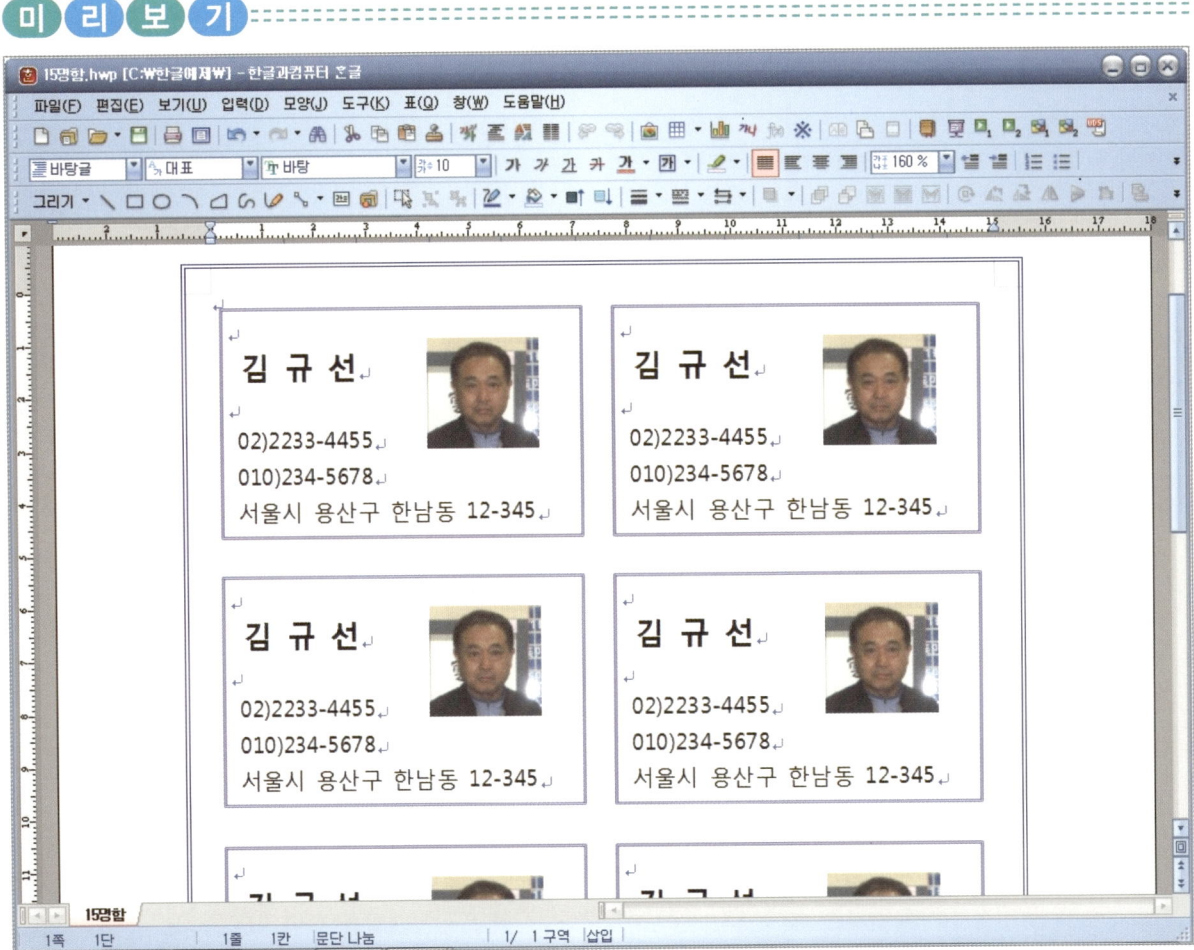

01 [보기] 메뉴에서 [쪽 윤곽]을 클릭합니다. 다시 [모양] 메뉴에서 [쪽 테두리/
배경]을 클릭합니다.

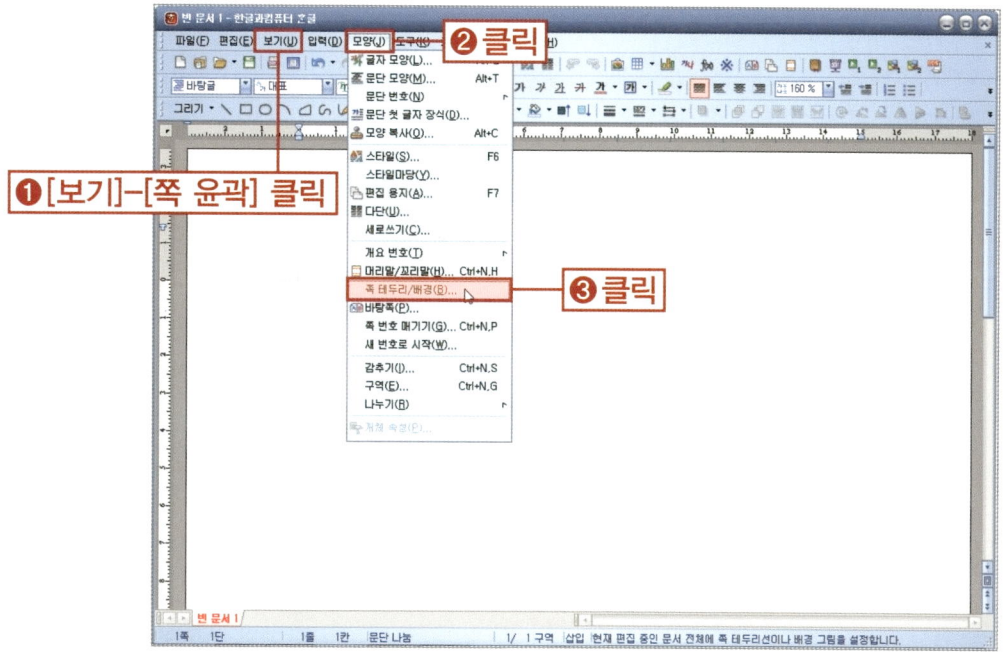

TIP 쪽 테두리 선은 여백 부분에 표시되므로 화면상으로는 쪽 윤곽 보기 상태에서만 확인할 수 있습니다.

02 [쪽 테두리/배경] 대화상자의 [테두리] 탭에서 [종류]를 '이중선'으로 선택
하고 [색]을 '남색'으로 선택합니다. 미리 보기 창의 [모두]를 클릭한 후
[설정]을 클릭합니다.

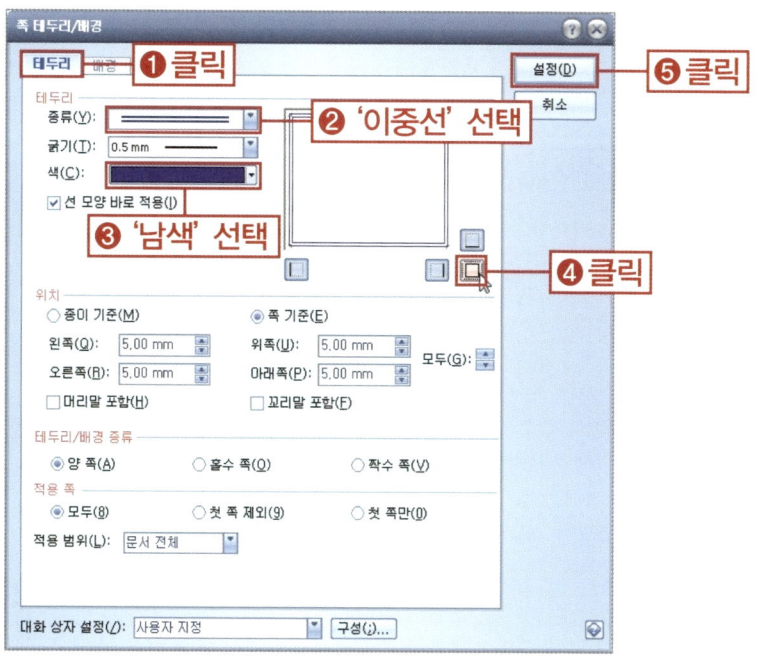

TIP [선 모양 바로 적용]에 체크가 되어 있는지 확인합니다. [적용 쪽]에서 '모두'를 선택하면 모든 쪽에
현재 설정한 테두리가 적용됩니다.

03 테두리가 설정되면 [그리기 도구 상자]에서 [글상자]( )를 클릭합니다. 마우스 포인터가 십자 모양이 되면 드래그하여 다음과 같은 크기로 글 상자를 삽입합니다.

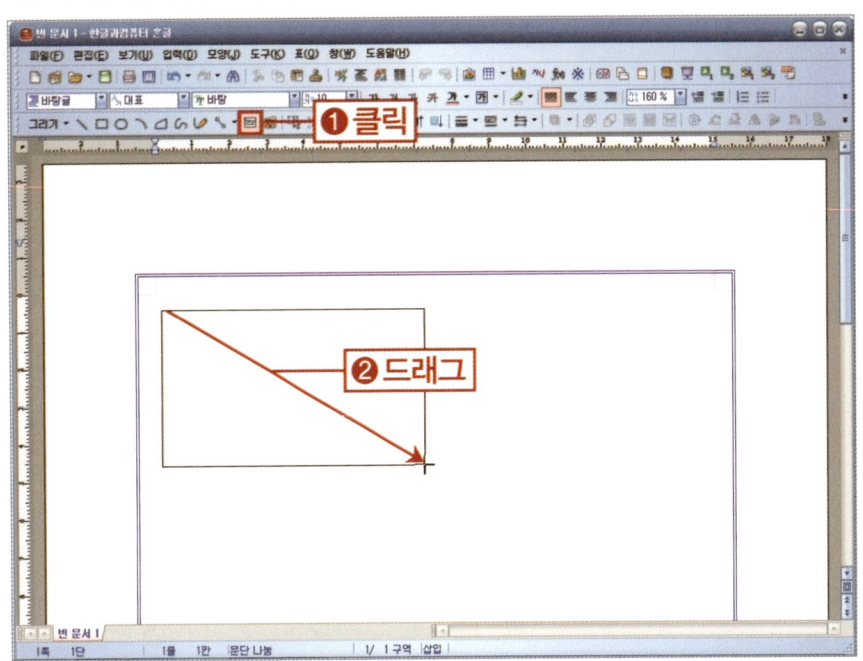

04 글상자 안에 내용을 입력하고 글자 모양을 바꿉니다. 사진을 삽입하기 위해 커서를 글상자 안에 놓고 [기본 도구 상자]에서 [그림]을 클릭합니다.

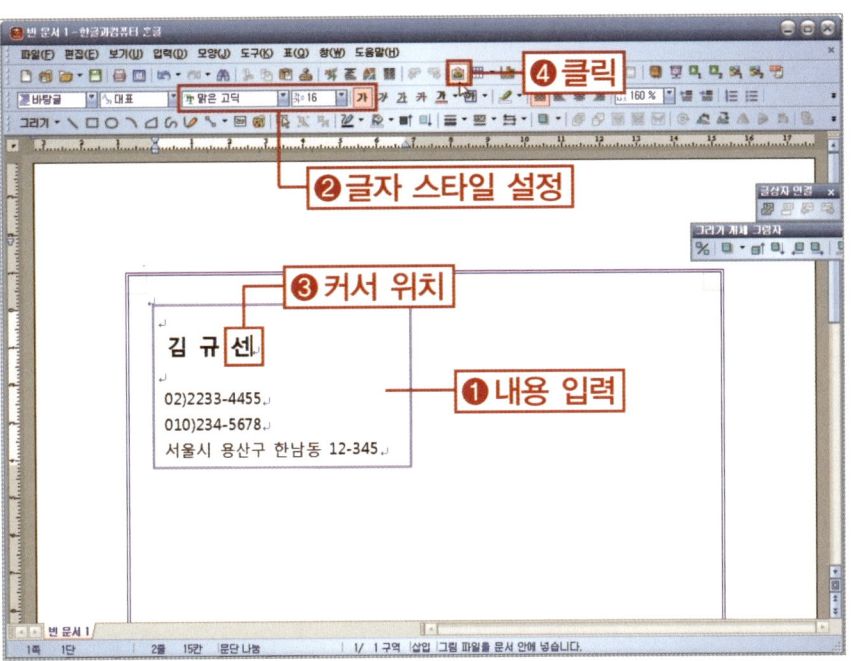

TIP 글상자의 테두리 색과 굵기는 [그리기 도구 상자]의 [선 색]( )과 [선 굵기]( )에서 변경할 수 있습니다.

05 자신의 얼굴이나 로고 등 나타내고 싶은 그림을 선택해 삽입합니다. [그림 도구 상자]에서 [자르기], [밝게] 등의 도구들을 이용해 적당한 크기와 밝기로 편집합니다.

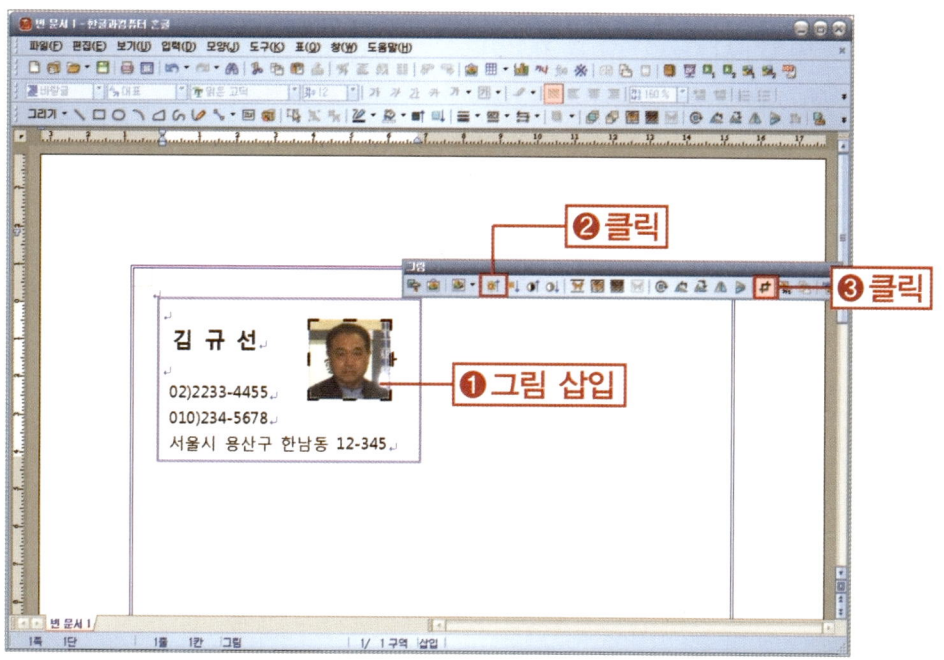

TIP 글상자에 이미지를 삽입할 때는 [그림 넣기] 대화상자에서 '마우스로 크기 지정'의 체크를 해제합니다.

06 글상자의 테두리 선 부분을 클릭해 글상자를 선택합니다. Ctrl 을 누른 채 글상자 안에서 마우스를 오른쪽으로 드래그해 명함을 복사합니다. 계속해서 Ctrl 을 누른 채 글상자를 아래쪽으로 복사해 페이지에 가득 채웁니다.

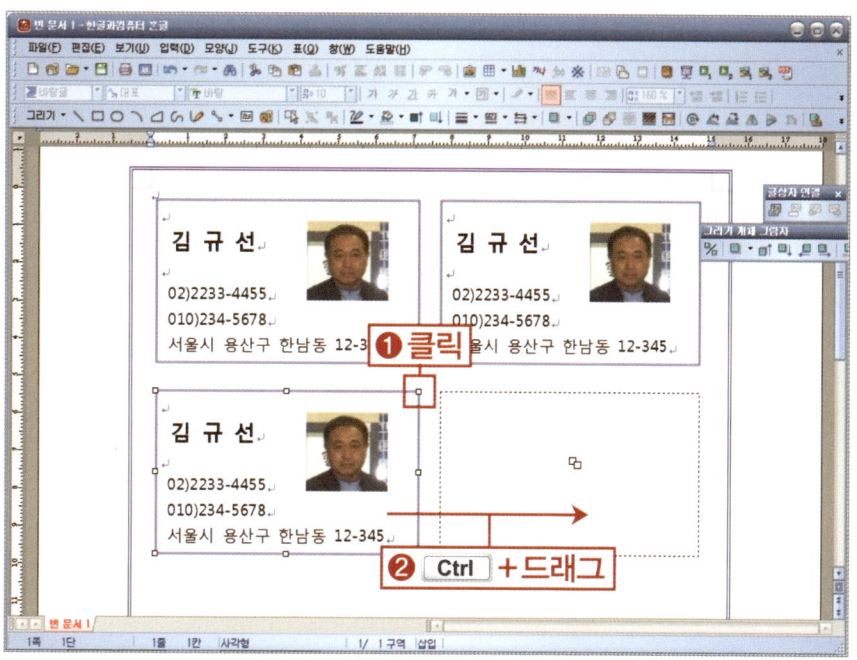

연습문제

01 글상자를 이용해 쿠폰을 만들고 복사한 후 쪽 테두리를 설정해 다음과 같이 완성해 보세요.

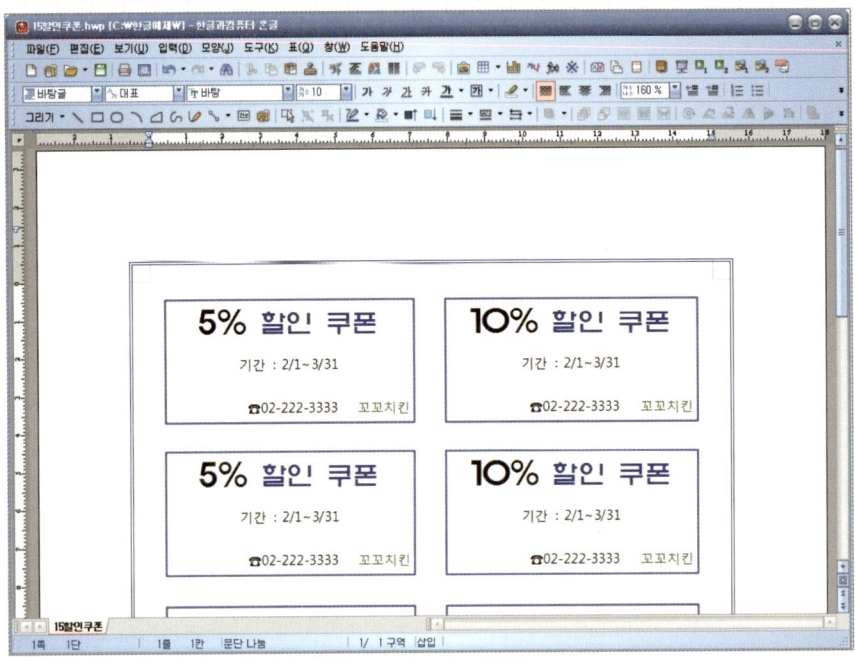

02 글상자와 그리기마당의 그림을 이용해 책갈피를 만들고 복사한 후 쪽 테두리를 설정해 다음과 같이 완성해 보세요.

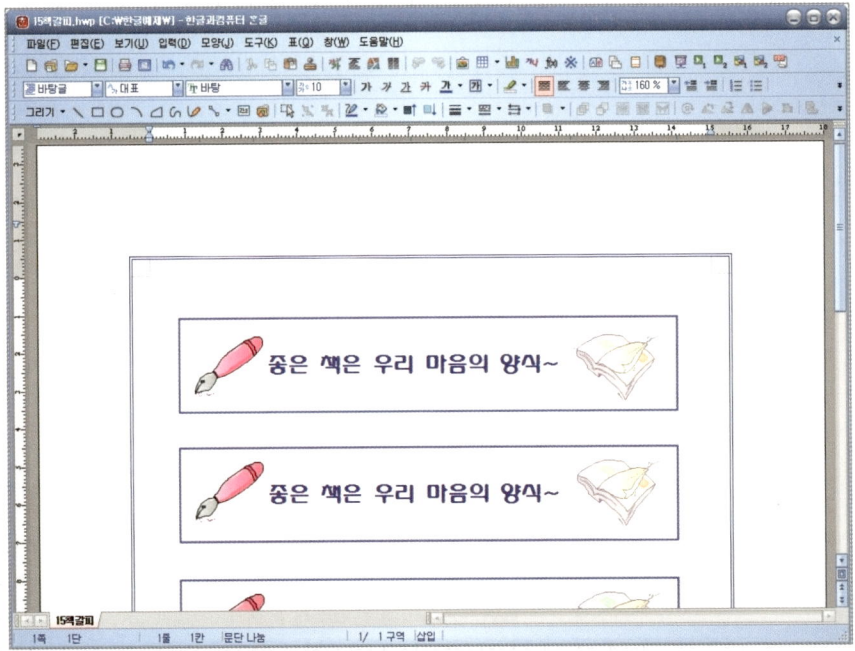

한글 2007

쪽 번호와 머리말 넣어 긴 문서 관리하기

여러 장으로 된 문서에 쪽 번호를 삽입하면 인쇄 후에 편리하게 관리할 수 있습니다. 원하는 위치에 쪽 번호 기능을 설정하면 자동으로 번호가 생성됩니다. 또한 문서의 상단이나 하단에 머리말 또는 꼬리말을 삽입해 모든 페이지에 반복 표시되도록 설정할 수 있습니다. 긴 문서를 위한 기능을 알아 봅니다.

| 이런걸 배워요! | 쪽 번호 삽입, 머리말 삽입

미 리 보 기

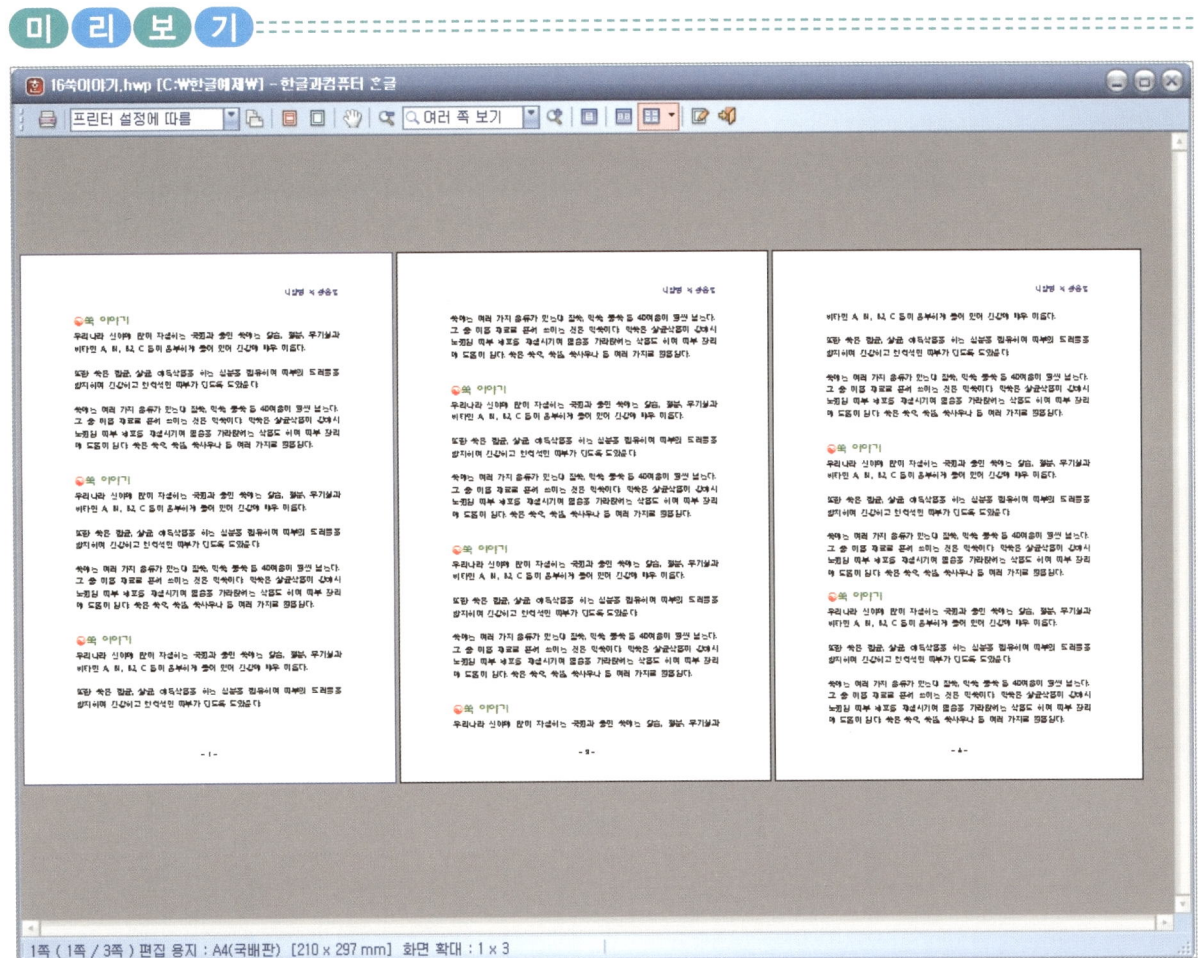

01 문서에 다음과 같이 내용을 입력하고 글자 모양을 수정합니다. 세 쪽으로 만들기 위해 본문 전체를 범위 지정하고 [기본 도구 상자]에서 [복사하기]를 클릭한 후 [붙이기]를 반복해 클릭합니다.

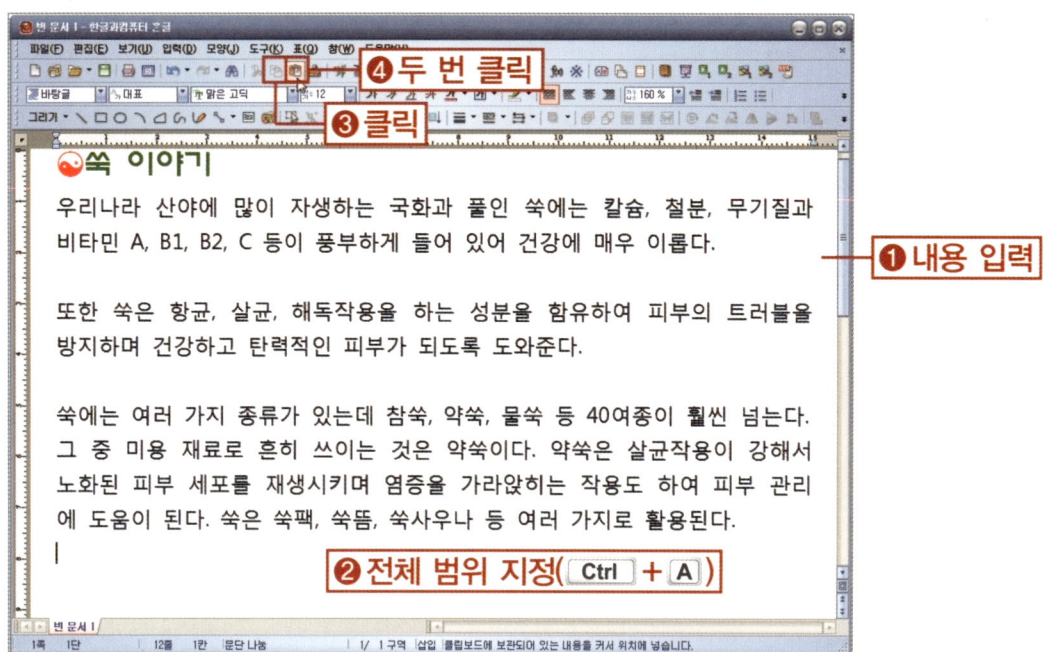

TIP
• 문서 전체를 선택하려면 단축키인 Ctrl + A 를 누릅니다.
• 아래쪽 작업 표시줄에 커서가 위치한 쪽의 쪽 수가 표시되므로 참고합니다.

02 메뉴에서 [모양]-[쪽 번호 매기기]를 클릭합니다. [쪽 번호 매기기] 대화상자가 나타나면 [번호 위치]에서 '가운데 아래'를 선택하고 [넣기]를 클릭합니다.

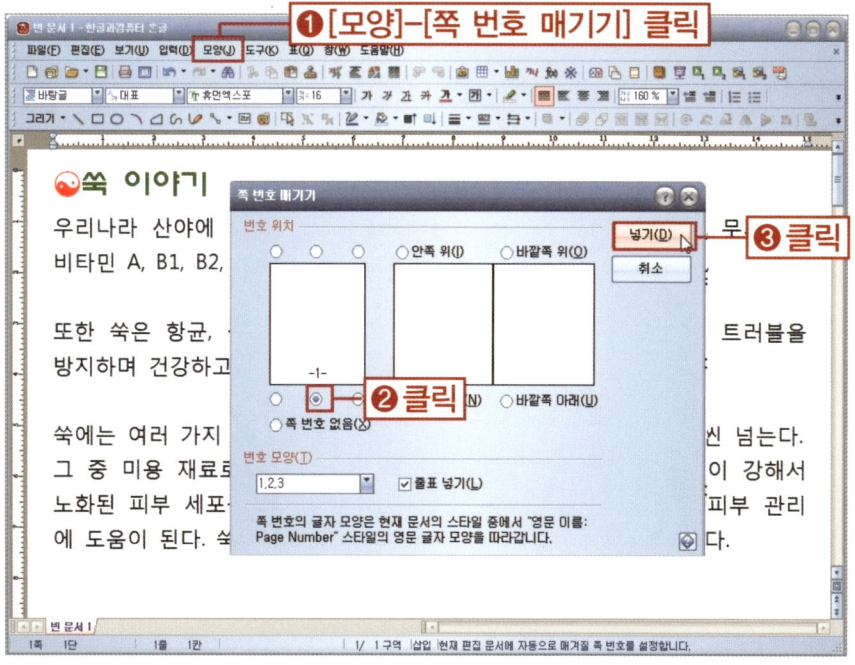

TIP 대화상자 아래쪽의 [번호 모양]은 '1, 2, 3'으로 설정되어 있고 [줄표 넣기]는 체크되어 있습니다.

03 다시 메뉴에서 [모양]-[머리말/꼬리말]을 클릭합니다. [머리말/꼬리말] 대화상자가 나타나면 [종류]에서 '머리말'을, [위치]에서 '양 쪽'을 선택하고 [만들기]를 클릭합니다.

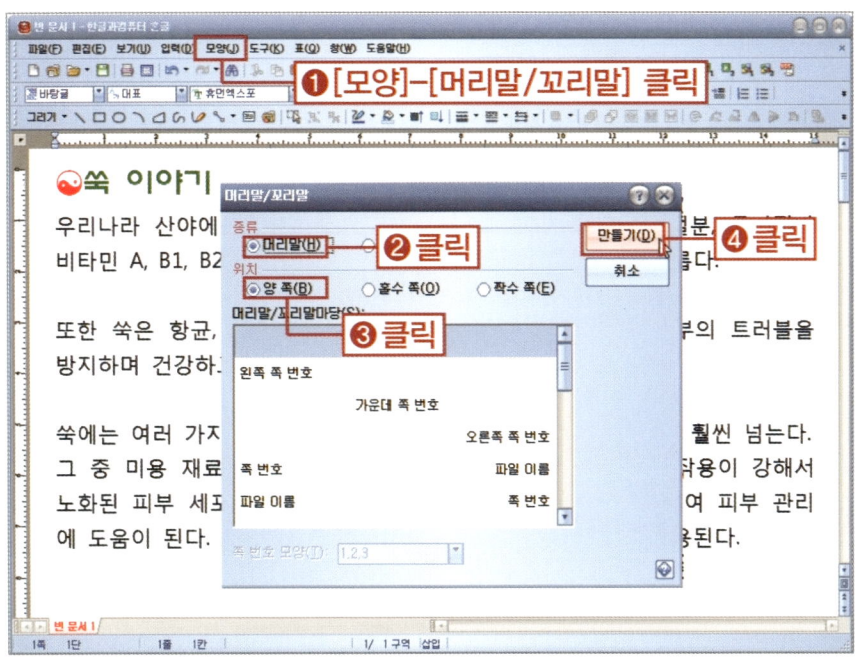

TIP 쪽 번호는 쪽 윤곽 보기 상태이거나 인쇄된 상태에서만 확인할 수 있습니다.

04 머리말 입력 상태로 변환되면 '다양한 쑥 활용법'을 입력한 후 글자 스타일을 '맑은 고딕', '11', '남색'으로 설정하고 [오른쪽 정렬]을 클릭합니다. 입력이 완료되면 [닫기]( )를 클릭합니다.

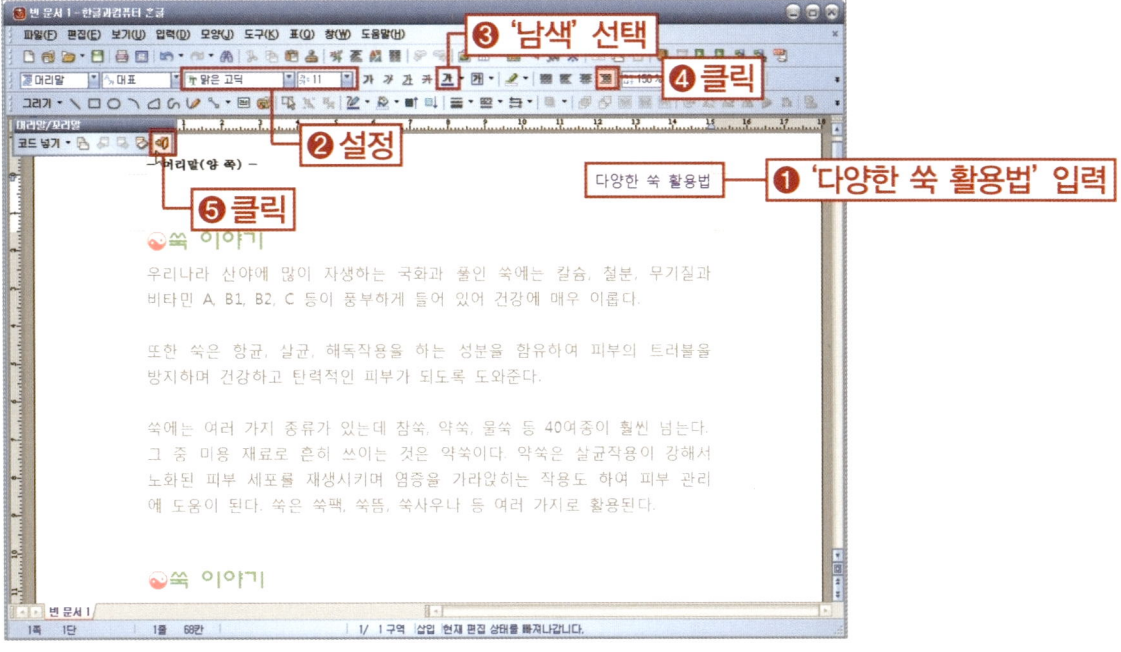

05 창이 쪽 윤곽이 보이는 상태로 변환되고 작성한 머리말이 보입니다. 쪽
번호와 함께 문서 전체의 모양을 확인하기 위해 [기본 도구 상자]에서
[미리 보기](🖼)를 클릭합니다.

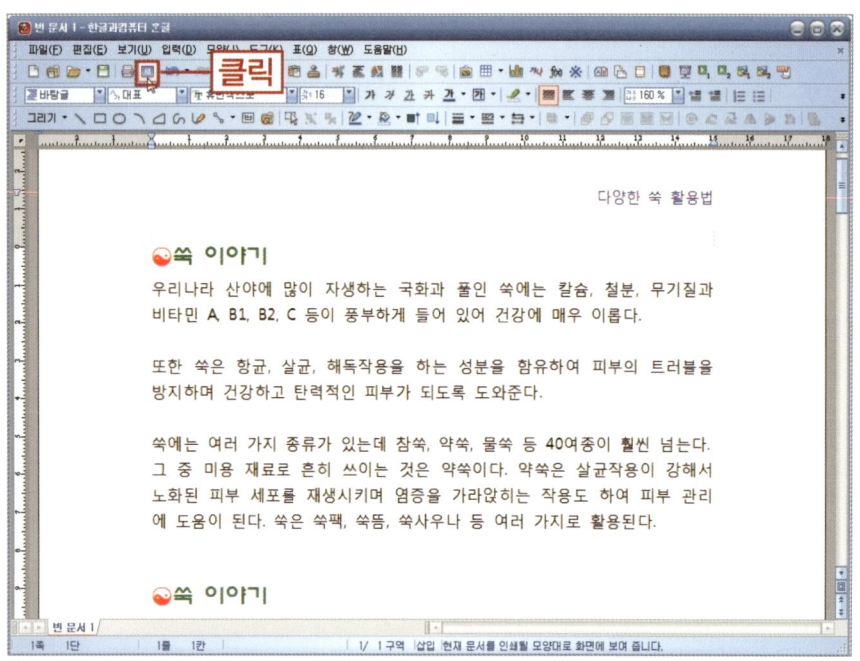

06 미리 보기 창이 나타나면 도구 상자에서 [여러 쪽 보기](🖼▾)를 클릭하고
마우스를 드래그해 '1×3'이 되도록 지정합니다. 머리말과 쪽 번호를 확
인합니다.

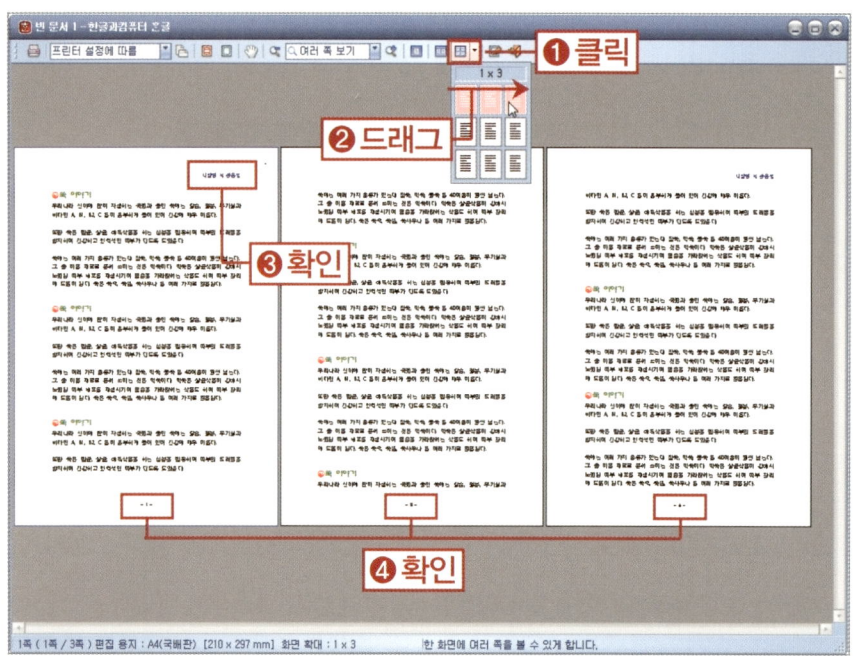

TIP 내용 확인 후에는 [인쇄]를 클릭해 문서를 인쇄하거나 [닫기]를 클릭해 편집 화면으로 돌아갑니다.

연습문제

01 내용을 입력한 후 머리말과 쪽 번호를 문서 위쪽에 다음과 같이 설정해 보세요.

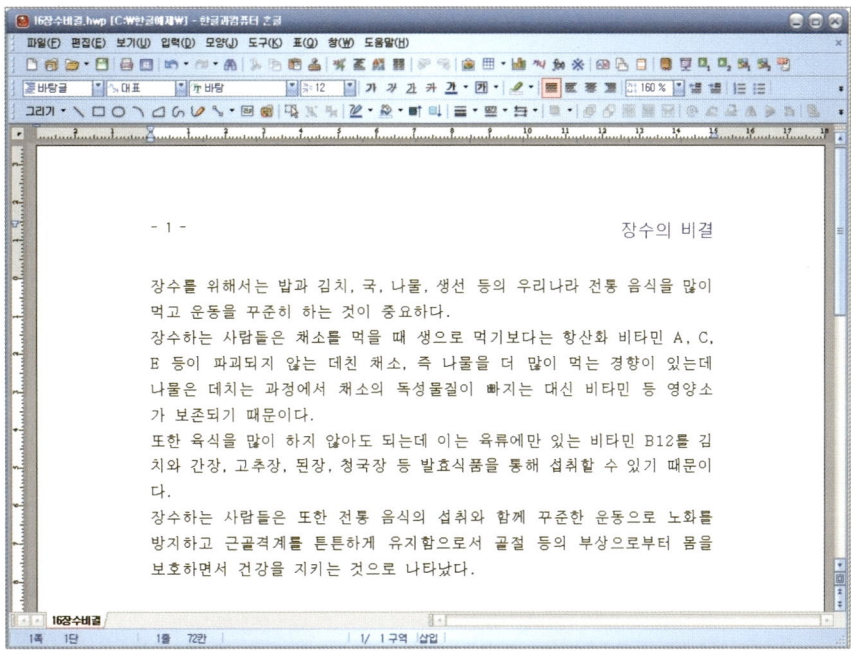

02 내용을 입력한 후 머리말과 쪽 번호를 문서 위쪽에 다음과 같이 설정해 보세요.

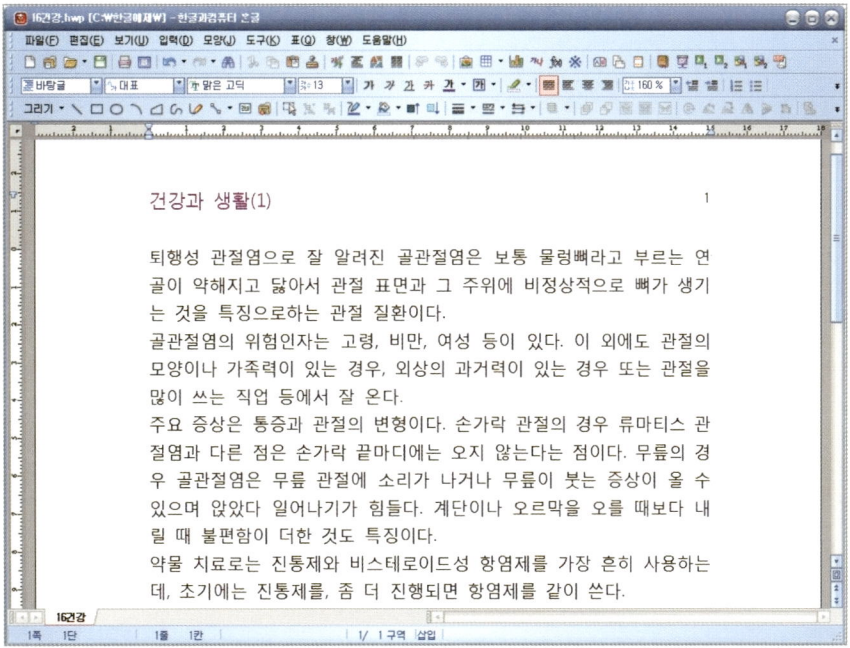

17장 나만의 상용구 등록하기

문서 작성 시 자주 사용하는 상용구는 사용자마다 다를 수 있습니다. 따라서 자신만이 자주 사용하는 상용구를 등록해두면 반복되는 긴 입력 작업을 간단히 수행할 수 있습니다. 상용구에는 특수 기호나 한자 등을 삽입할 수 있어 더욱 편리합니다. 상용구를 등록해 봅니다.

▌이런걸 배워요!▐ 상용구 등록, 상용구 실행

미 리 보 기

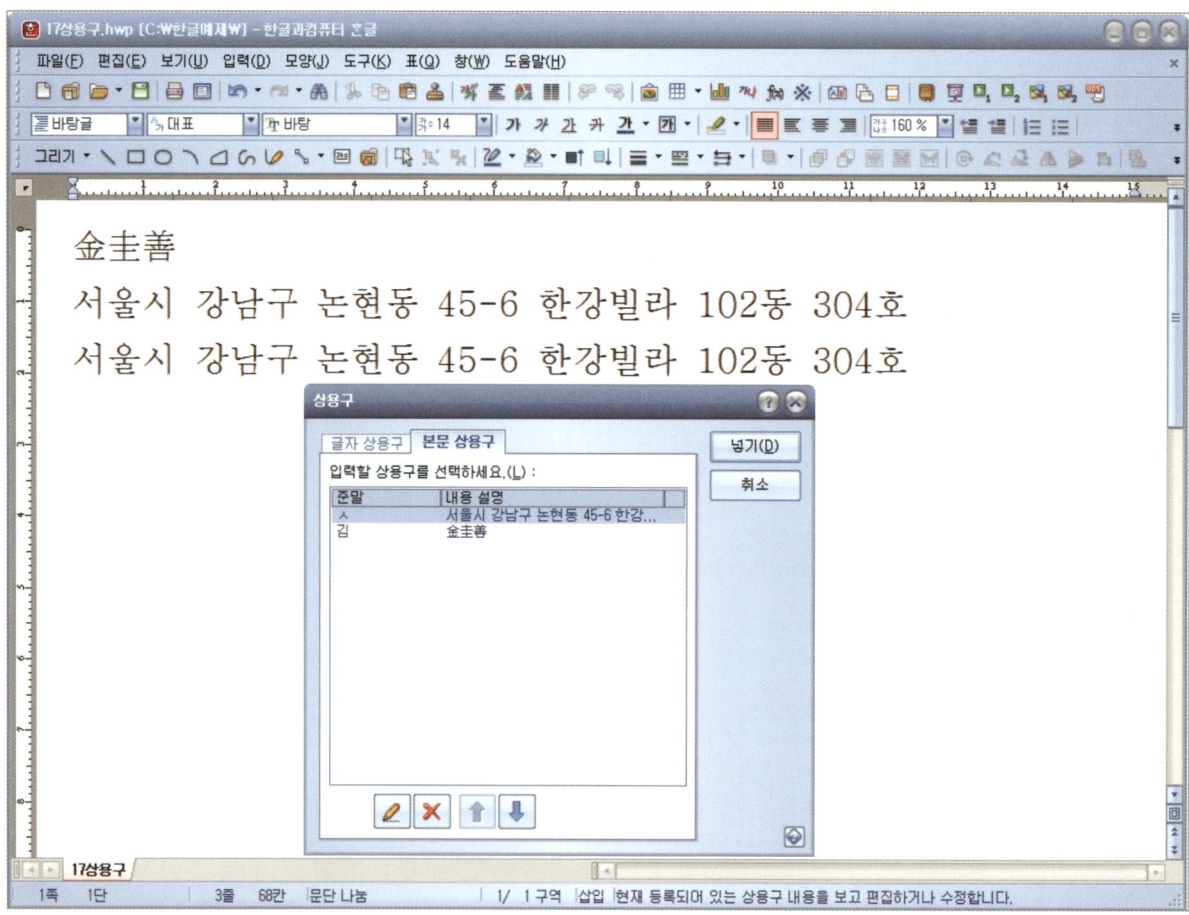

01 새 문서에서 자신의 이름을 입력한 후 F9 를 누릅니다. [한자로 바꾸기] 대화상자가 나타나면 한 글자씩 한자로 변환합니다.

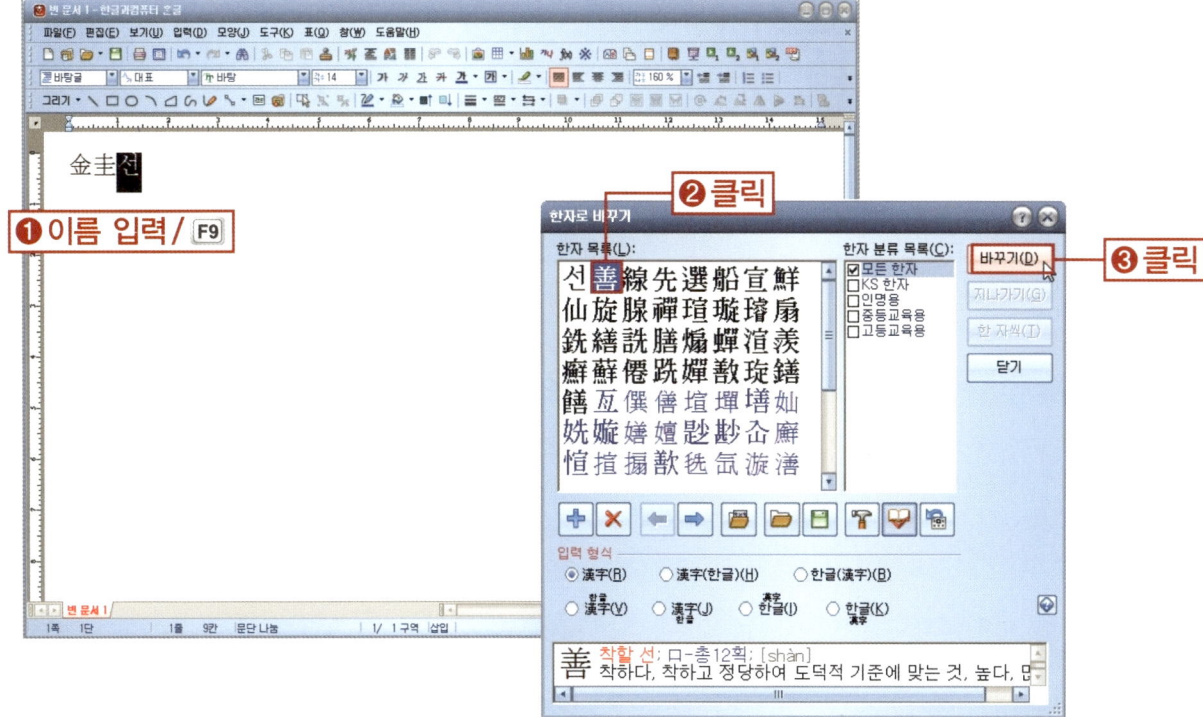

02 이름을 드래그해 범위를 지정한 후 메뉴의 [입력]-[상용구]-[상용구 등록] 을 클릭합니다.

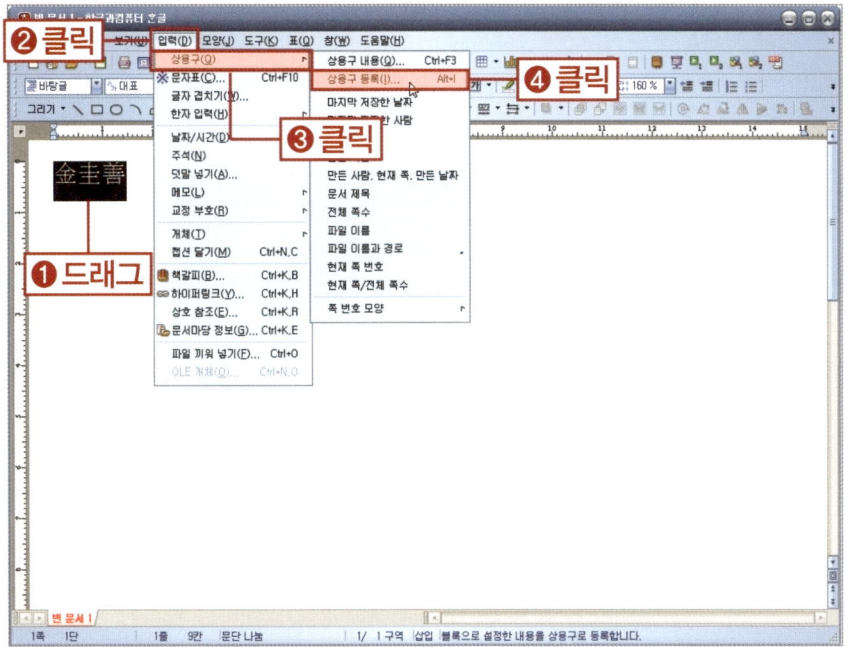

03 [상용구 등록] 대화상자가 나타나면 [준말]을 한글로 수정한 후 [등록]을 클릭합니다.

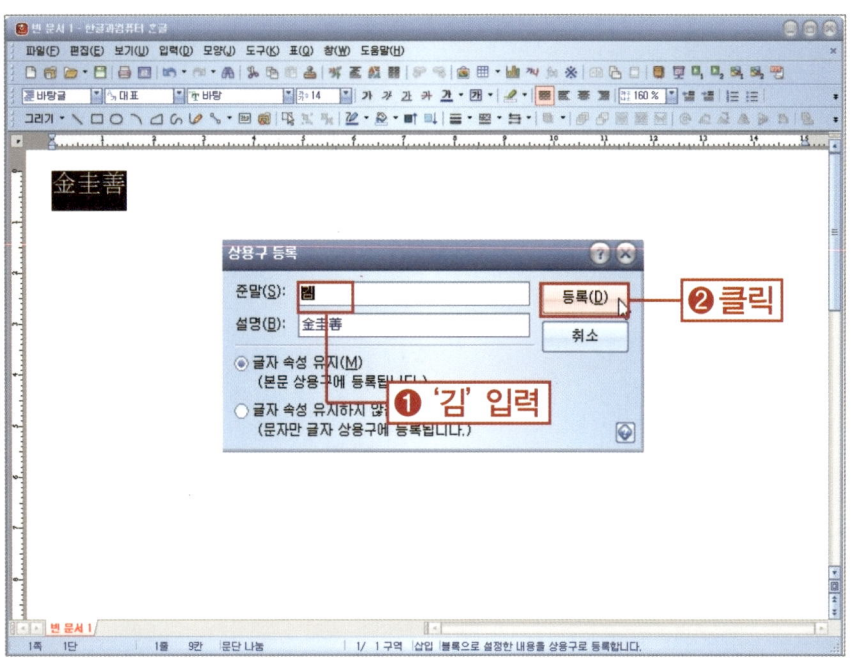

TIP [준말]은 사용자가 입력하기 편리한 한글로 된 짧은 음절을 사용하되 여러 개의 상용구가 등록된 경우 같은 음절이 겹치지 않도록 주의합니다.

04 등록이 완료되면 편집 창에 입력했던 글자를 지우고 메뉴에서 [입력]–[상용구]–[상용구 내용]을 클릭합니다. [상용구] 대화상자가 나타나면 입력했던 상용구를 선택하고 [넣기]를 클릭합니다.

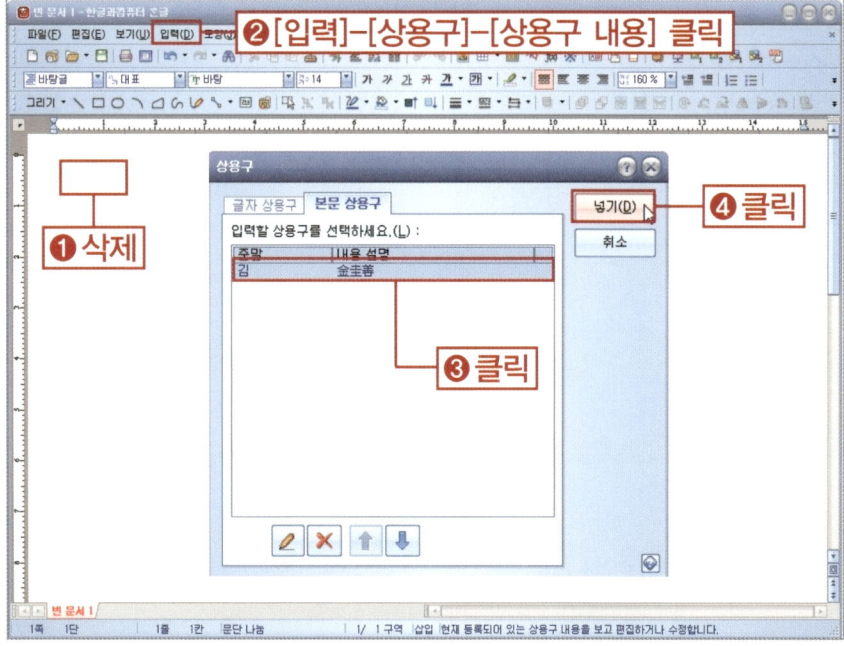

05 상용구가 나타납니다. 같은 방법으로 주소를 입력하고 범위를 지정한 후 [입력]-[상용구]-[상용구 등록]을 클릭합니다. [준말]에서 'ㅅ'을 입력하고 [등록]을 클릭합니다.

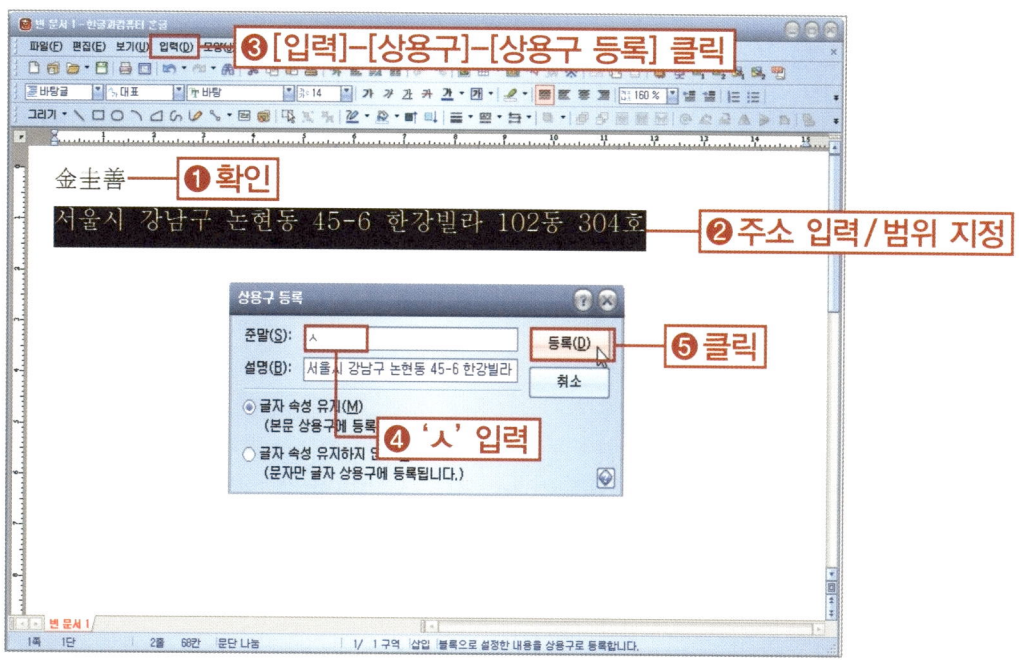

06 상용구가 등록되면 다음 줄로 커서를 이동한 후 [준말]인 'ㅅ'을 입력하고 단축키인 Alt + I를 눌러 상용구를 실행합니다.

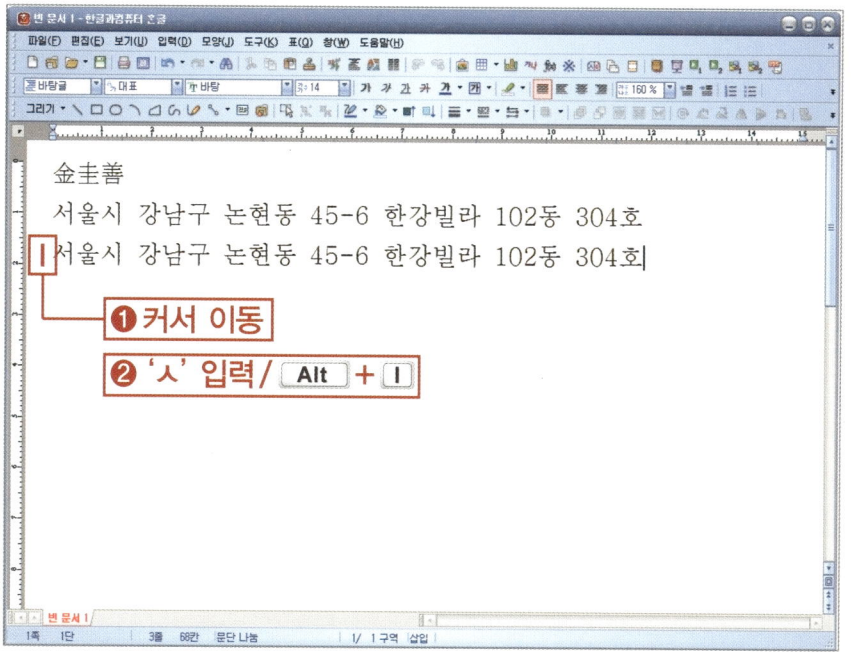

TIP 상용구를 실행시키려면 등록된 준말을 입력하고 단축키인 Alt + I를 누릅니다.

연습문제

01 다음과 같이 상용구를 등록하고 [상용구] 대화상자를 이용해 문서 안에 삽입해 보세요.

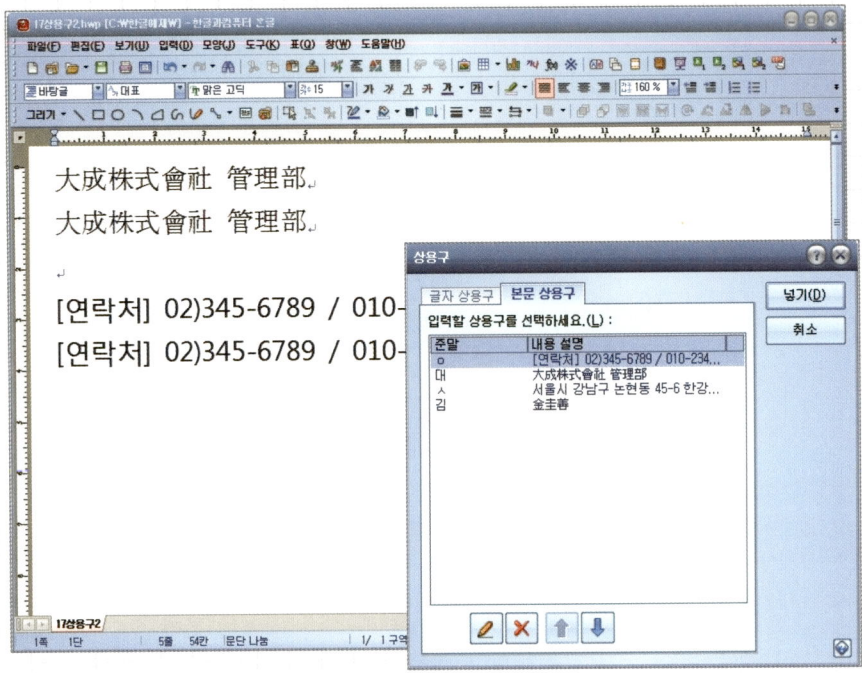

02 문자표와 글자 색을 설정한 연락처를 다음과 같이 상용구로 등록한 후 준말과 단축키(Alt + I)를 이용해 상용구를 실행해 보세요.

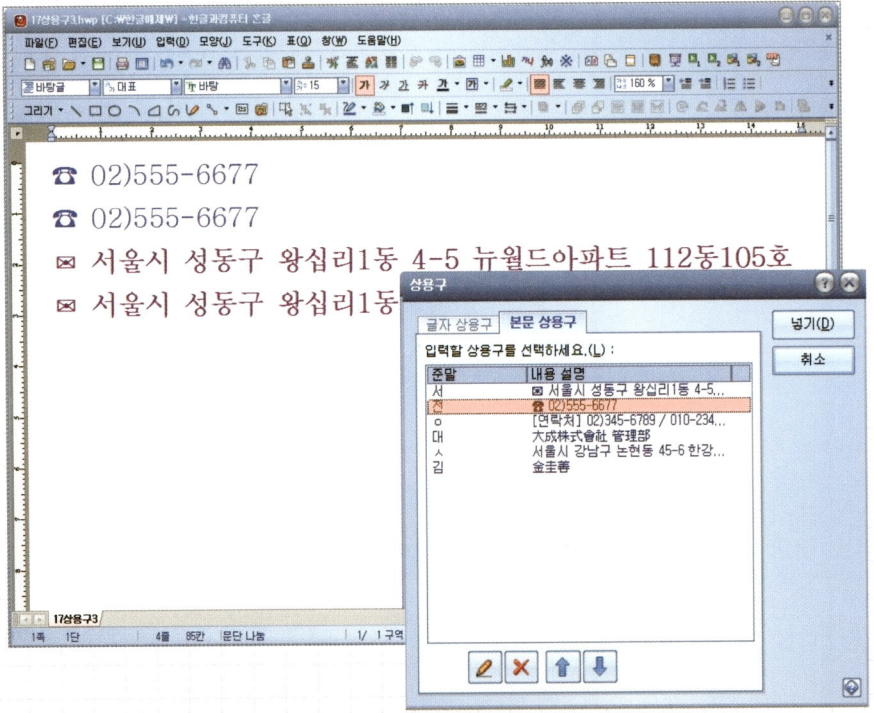

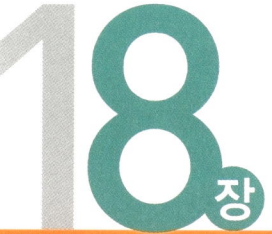

한글 2007

18장 한글로 계산도 척척!

표 안에 숫자를 입력해 합계나 평균 등의 계산 값을 구해야 하는 경우 표의 계산 기능을 이용하면 편리합니다. 각 셀들의 합이나 평균, 곱 등을 손쉽게 구할 수 있고 불규칙적인 사칙연산식도 삽입할 수 있습니다. 한글 2007의 계산 기능에 대해 알아봅니다.

| 이런걸 배워요! | 쉬운 계산식, 블록 계산식, 계산식

미리보기

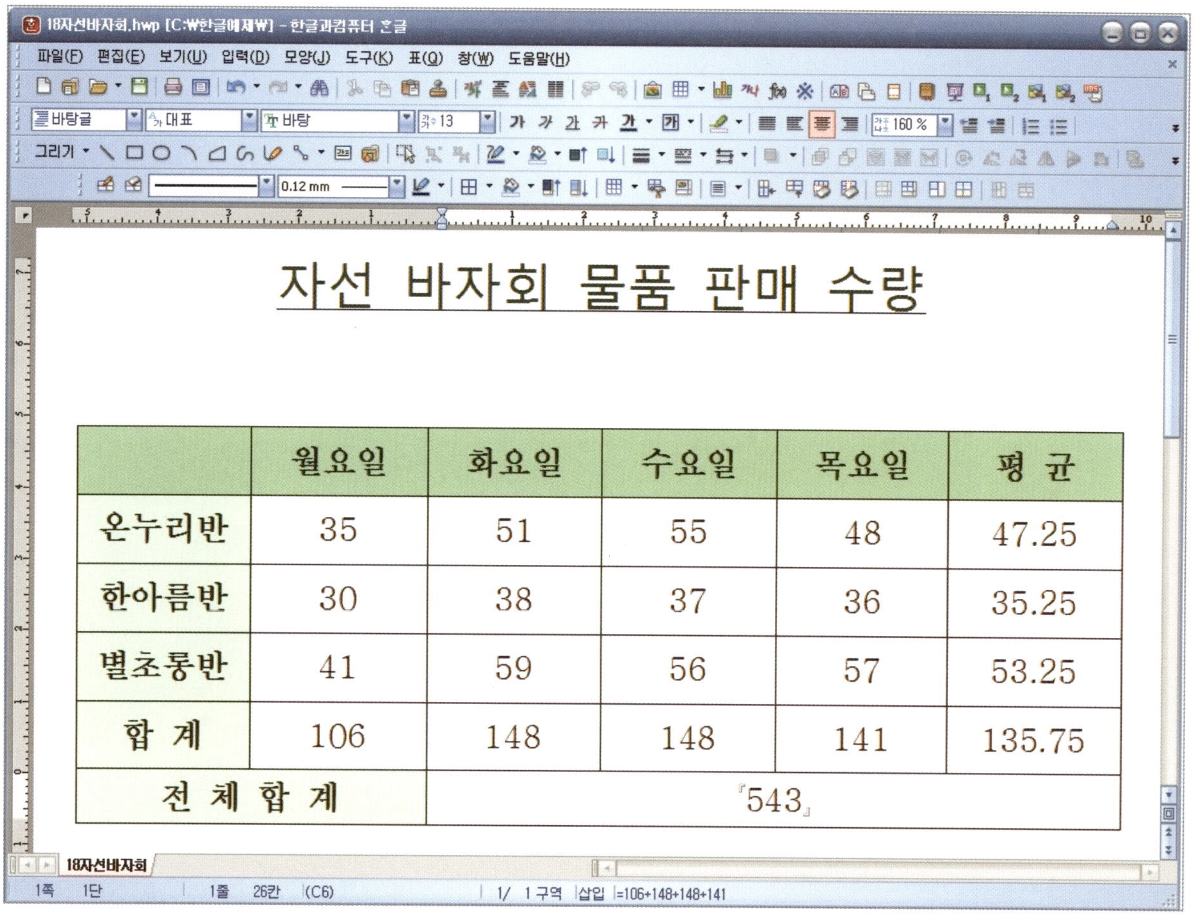

자선 바자회 물품 판매 수량

	월요일	화요일	수요일	목요일	평 균
온누리반	35	51	55	48	47.25
한아름반	30	38	37	36	35.25
별초롱반	41	59	56	57	53.25
합 계	106	148	148	141	135.75
전 체 합 계	「543」				

01 [기본 도구 상자]에서 [표 만들기]를 클릭해 '5×6'의 표를 만들고 내용을 입력합니다. 제목 줄과 제목 칸을 각각 범위 지정한 후 [표 도구 상자]의 [셀 테두리/배경]을 클릭하고 [배경] 탭에서 [면 색]을 설정해 적용합니다.

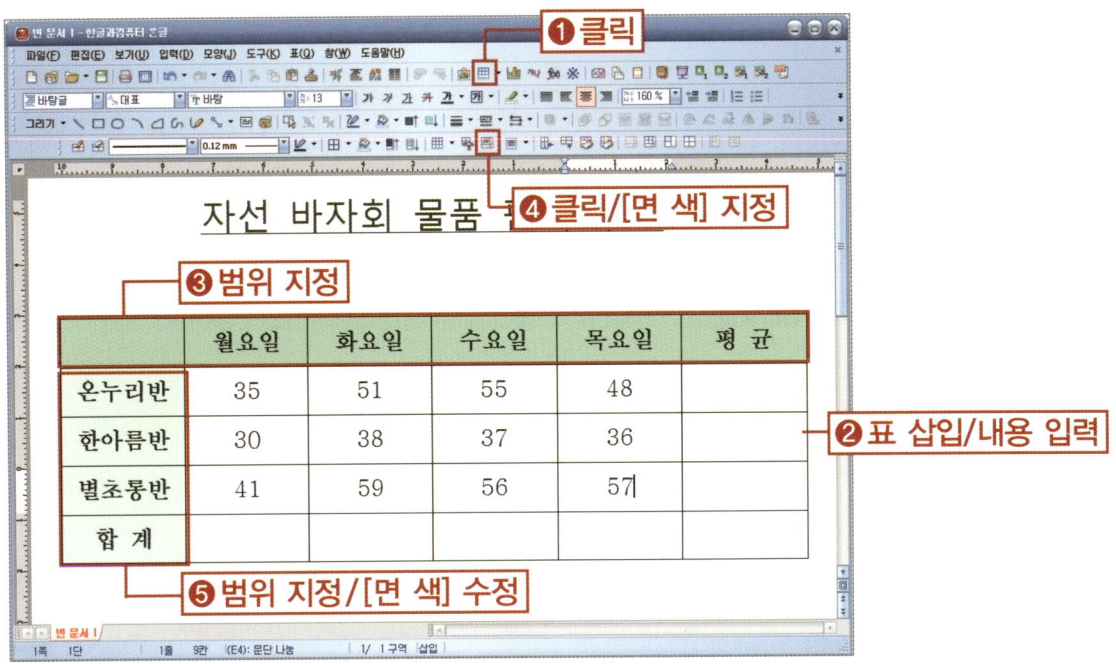

02 월요일의 합계 칸에 커서를 놓고 메뉴에서 [표]-[쉬운 계산식]-[세로 합계]를 클릭합니다.

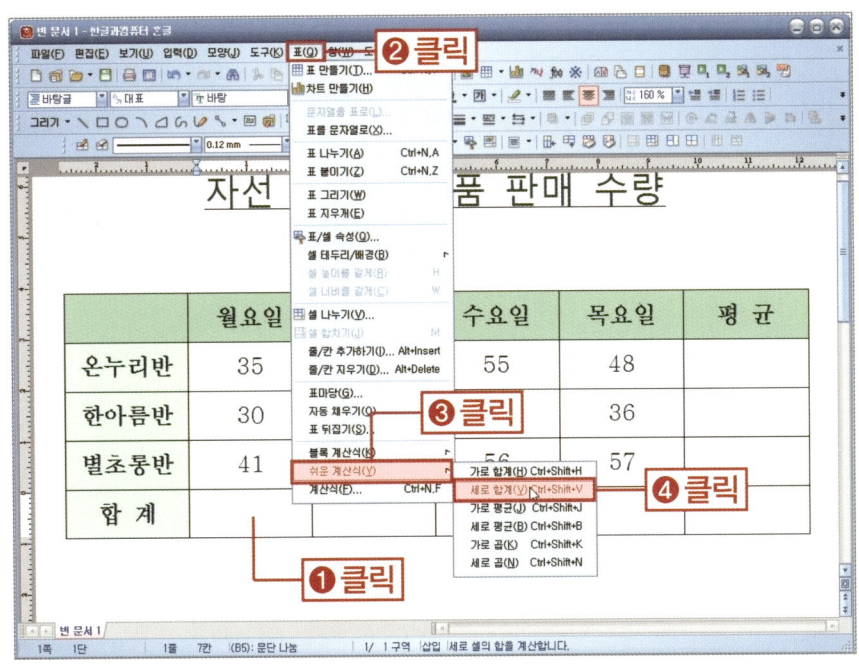

TIP 반드시 계산의 결과 값이 들어갈 셀에 커서를 위치시킨 후 작업을 시작합니다.

03 계산식이 삽입되었다는 표시로 겹낫표(『』)가 생기고 그 안에 계산의 결과 값이 표시됩니다. 각 요일의 합계 칸에 커서를 놓고 [표]-[쉬운 계산식]-[세로 합계]를 클릭해 화요일, 수요일, 목요일의 합계도 각각 구합니다.

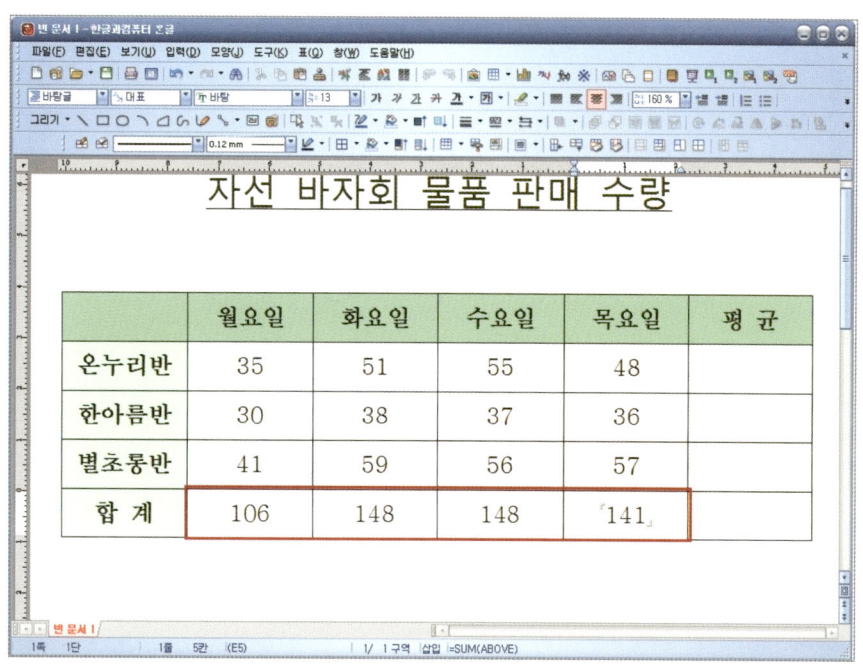

TIP 이 때 세로 값 중에서 숫자가 표시된 셀이 있으면 모두 계산되므로 '1월', '1분기'와 같이 숫자가 포함된 문자열은 제목 셀에 사용하지 않도록 주의합니다.

04 이번에는 온누리반의 각 요일과 평균 칸을 모두 드래그하여 범위 지정한 후 메뉴에서 [표]-[블록 계산식]-[블록 평균]을 클릭합니다.

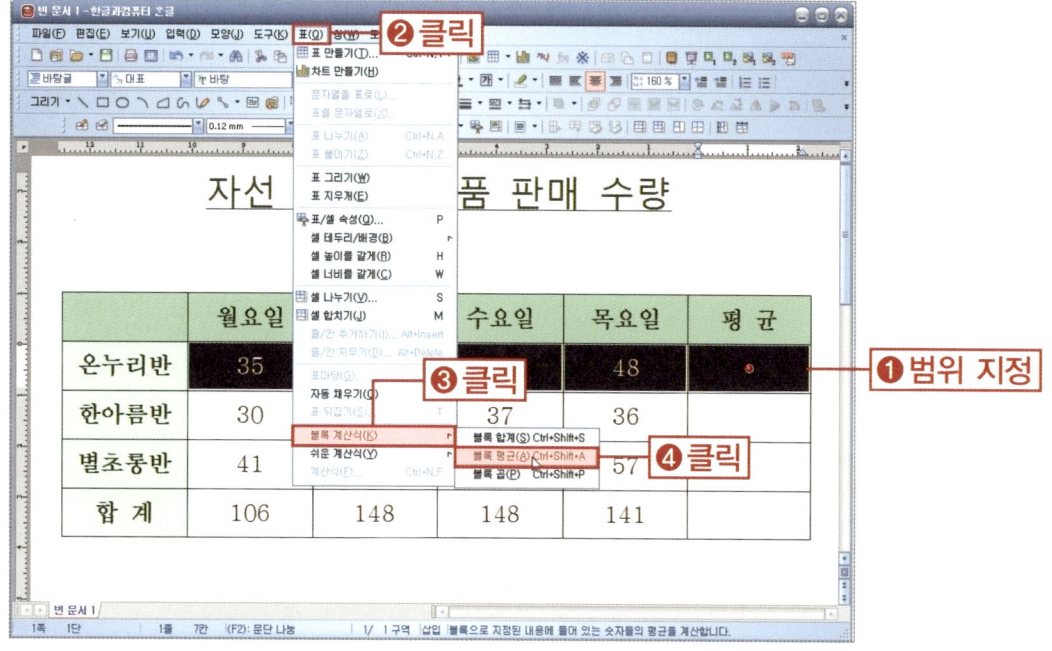

05 계산의 결과 값이 표시됩니다. 각 반의 수치와 평균 칸을 범위 지정한 후 [표]-[블록 계산식]-[블록 평균]을 클릭해 모든 반의 평균과 합계의 평균을 각각 구합니다.

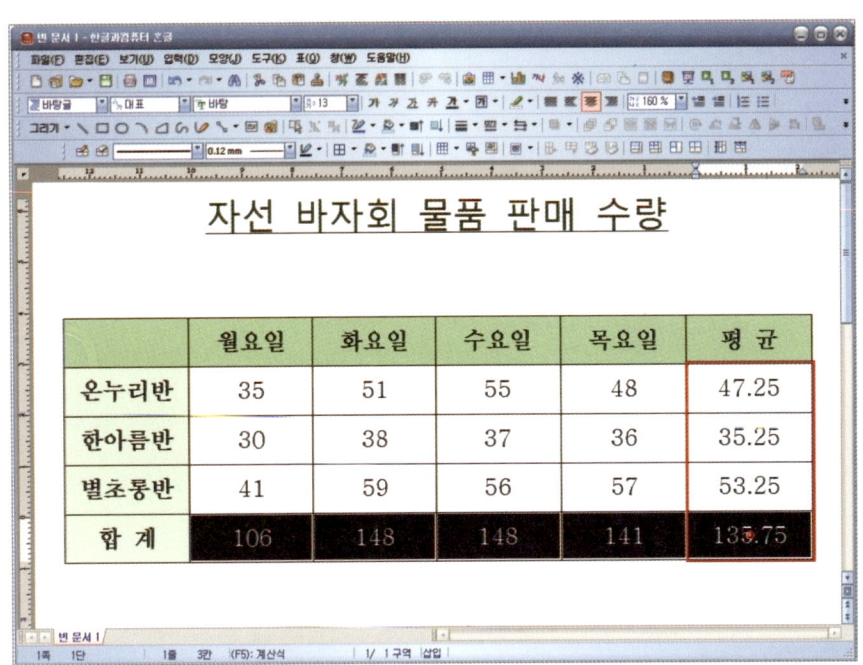

06 '합계' 셀에 커서를 놓고 [표 도구 상자]의 [아래에 줄 추가하기]를 클릭합니다. 추가된 셀을 각각 범위 지정해 다음과 같이 [셀 합치기]를 실행합니다. [표]-[계산식]을 클릭해 [계산식] 대화상자가 나타나면 수식(=106+148+148+141)을 입력하고 [확인]을 클릭합니다.

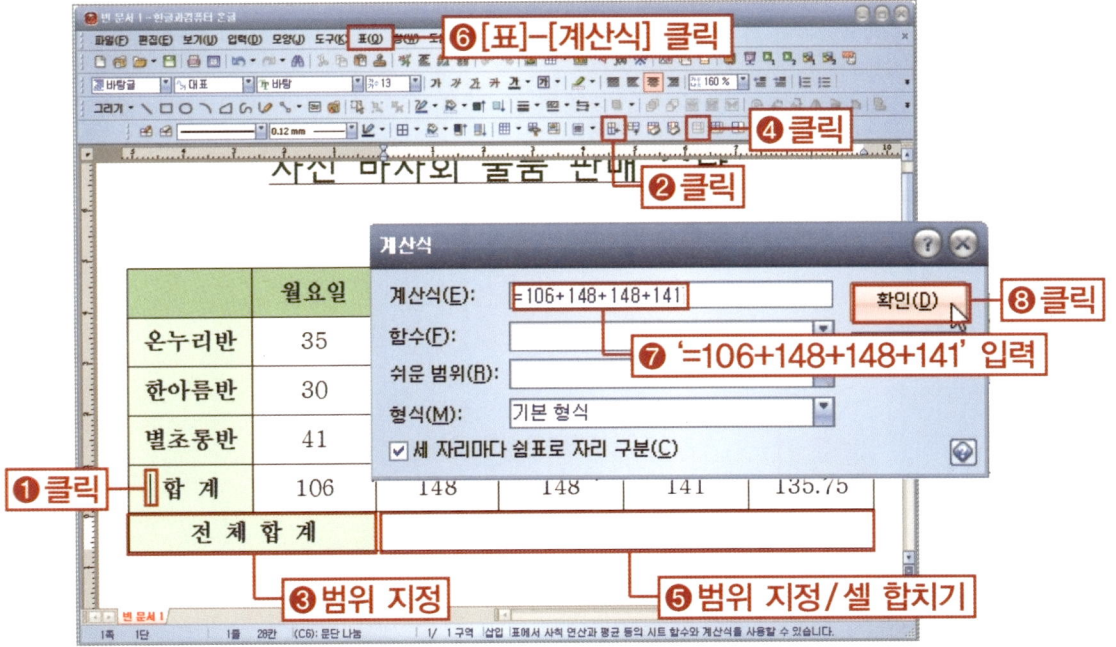

연습문제

01 '5×5'의 표를 삽입한 후 표의 [블록 계산식]을 이용해 '합계'를 구하고 [쉬운 계산식]을 이용해 '평균'을 구해 보세요.

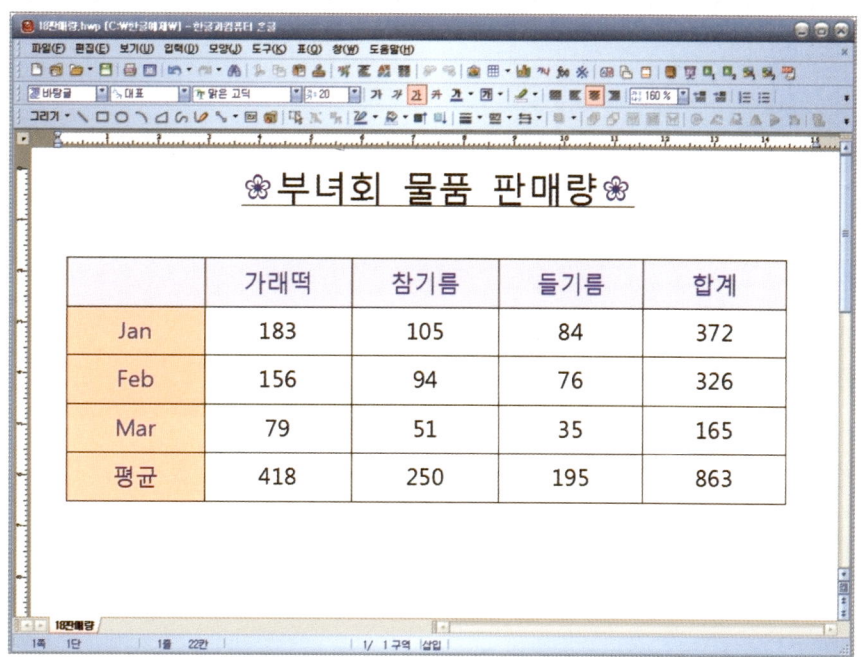

❀부녀회 물품 판매량❀

	가래떡	참기름	들기름	합계
Jan	183	105	84	372
Feb	156	94	76	326
Mar	79	51	35	165
평균	418	250	195	863

02 '7×4'의 표를 삽입한 후 그러데이션(카오스) 기능으로 배경을 설정하세요. [블록 곱]을 이용해 '금액'을 구하고 [쉬운 계산식]을 이용해 '합계'를 구해 보세요.

품명	수량	단가	금액
AK-Ⅱ	156	41,500	6,474,000
AK-Ⅲ	150	46,000	6,900,000
JK-Ⅳ	113	65,000	7,345,000
JK-Ⅴ	205	65,000	13,325,000
DK-Ⅰ	81	120,000	9,720,000
합계	705		43,764,000

한글 2007

다단 문서 만들기

다단은 신문이나 잡지 등에서 볼 수 있는 문서 편집 형태로, 하나의 용지 안에 여러 개의 단을 나누어 내용을 입력하는 기능입니다. 한글 2007은 문서를 두 개 이상의 단으로 나누어 각각의 단을 독립적으로 편집할 수 있고, 한 쪽에 서로 다른 여러 개의 다단을 설정할 수도 있습니다. 다단 기능을 활용해 봅니다.

▍이런걸 배워요! ▍ 단 설정

미 리 보 기

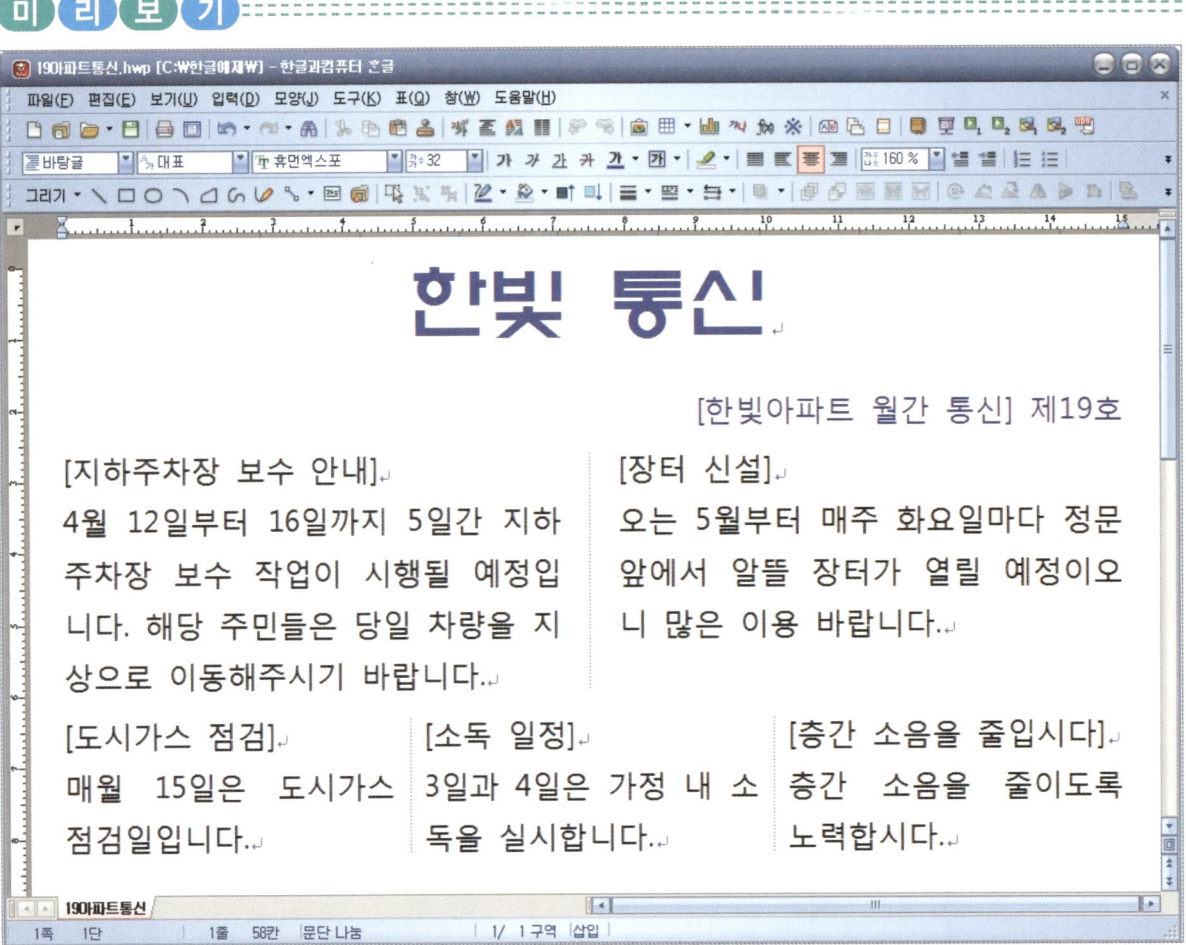

01 다음과 같이 두 줄을 입력하고 정렬과 글자 모양을 설정합니다. 셋째 줄에 커서를 놓고 [기본 도구 상자]에서 [다단](▤)을 클릭합니다.

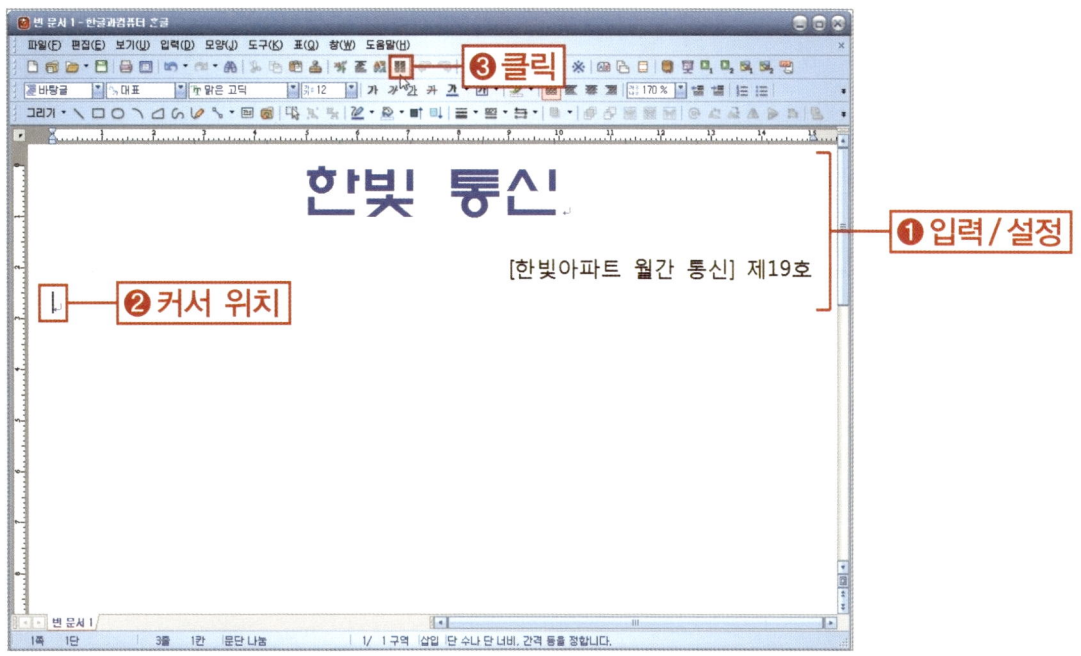

TIP 커서가 위치한 줄부터 단을 나누기 위해 셋째 줄에 커서를 놓고 메뉴를 실행합니다.

02 [단 설정] 대화상자에서 [둘](▤)을 클릭하고 [구분선 넣기]를 클릭해 체크합니다. [종류]에서 '점선'을 선택합니다. [색]에서 '남색'을 선택하고 [적용 범위]에서 '새 다단으로'를 선택한 후 [설정]을 클릭합니다.

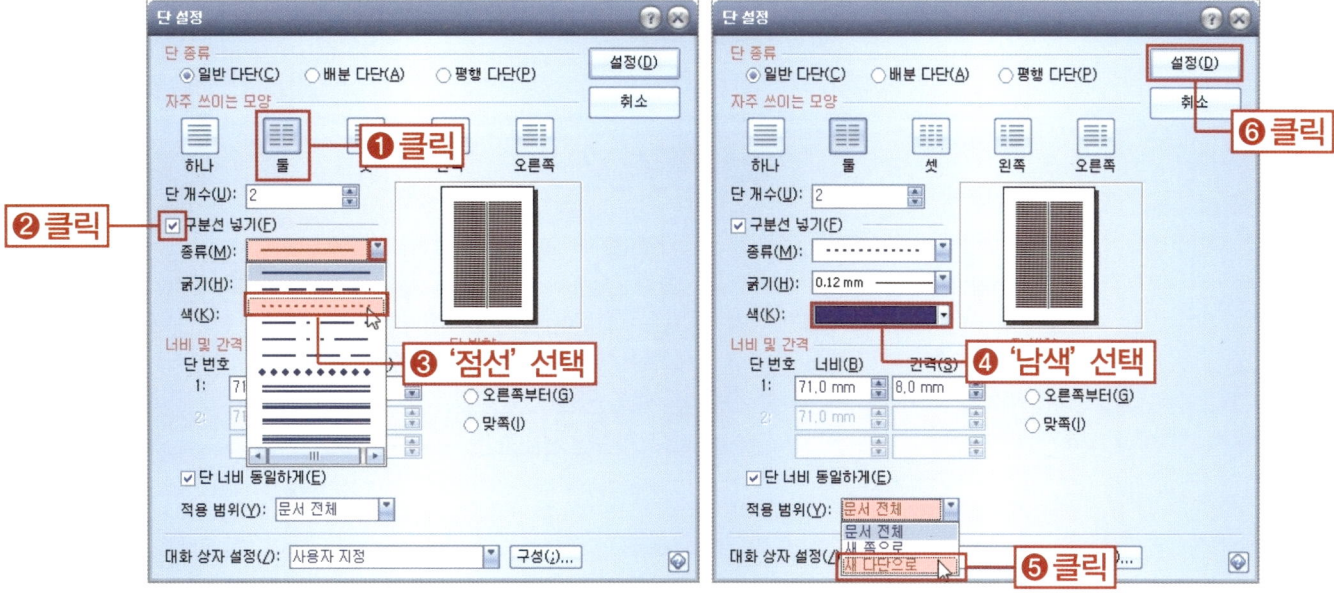

03 2단으로 나뉘고 커서가 왼쪽 단에 위치합니다. 내용을 입력한 후 문서 끝에 커서를 위치시키고 [모양]-[나누기]-[단 나누기]를 클릭합니다.

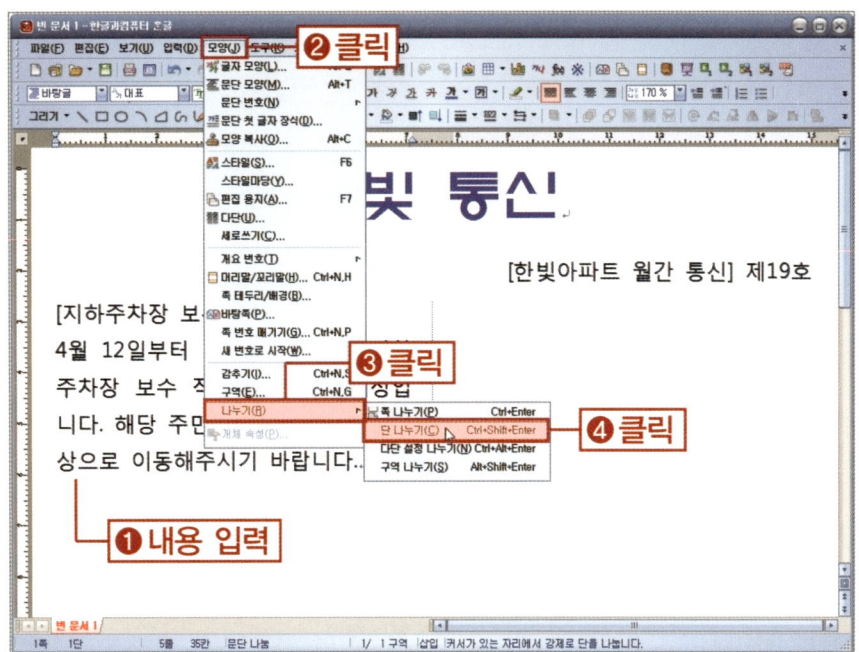

TIP 왼쪽 창에 내용이 아래쪽까지 가득 차지 않은 상태에서는 오른쪽 창에 커서가 위치할 수 없으므로 처음 이동 시에는 [단 나누기]를 실행합니다.

04 오른쪽 창에 내용을 입력합니다. 커서를 맨 아래 줄에 위치시킨 후 [기본 도구 상자]의 [다단](▤)을 클릭합니다.

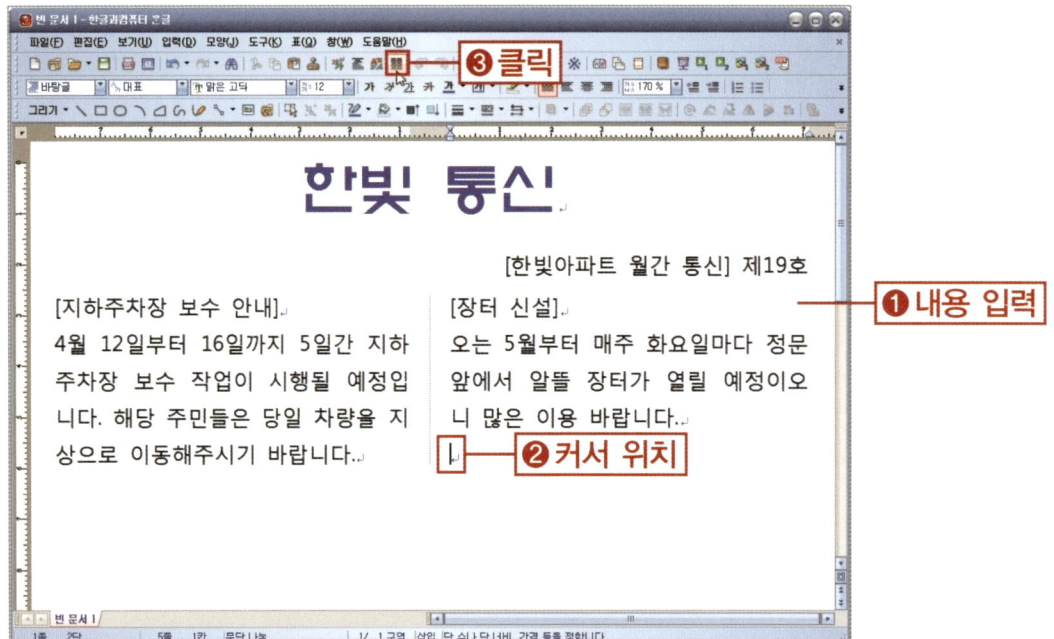

05 [단 설정] 대화상자에서 [셋](▦)을 클릭하고 [적용 범위]에서 '새 다단으로'를 선택한 후 [설정]을 클릭합니다.

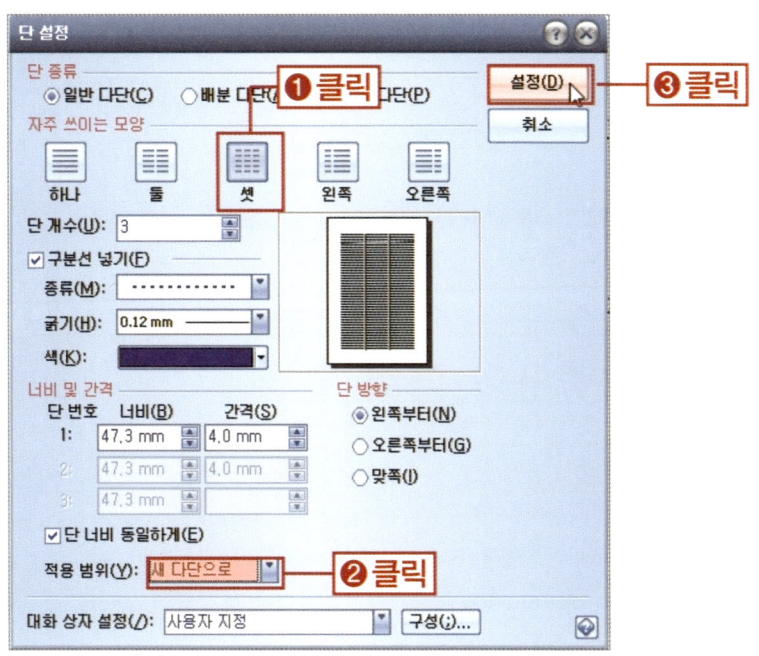

06 나머지 내용을 입력해 문서를 완성합니다.

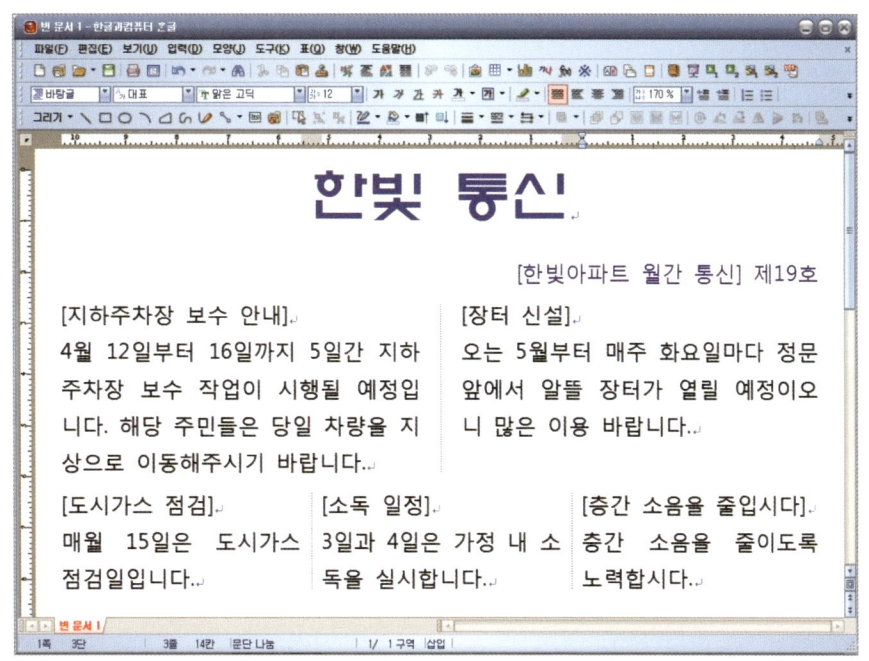

01 문서의 셋째 줄부터 다단 기능을 이용해 세 개의 단으로 나누고 내용을 편집해 보세요.

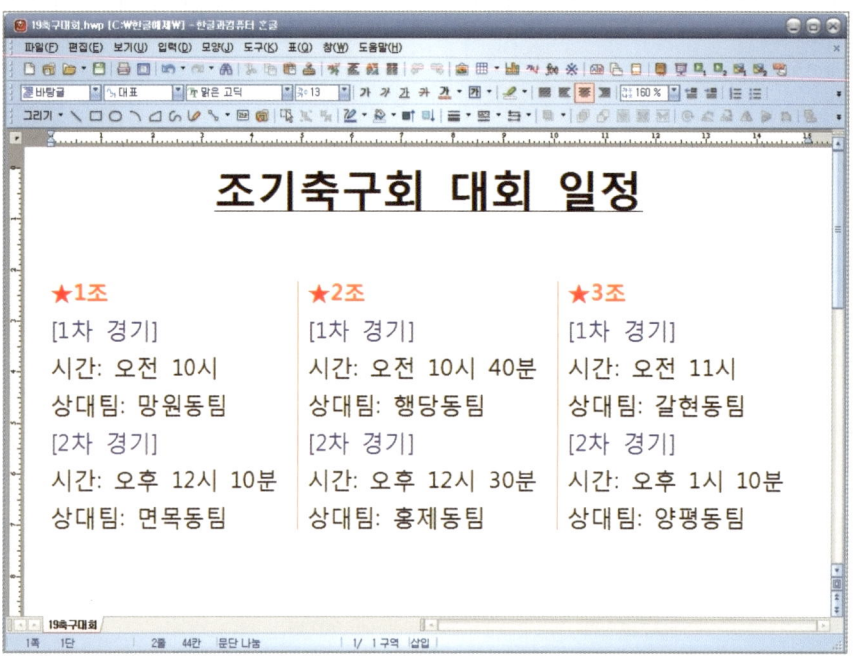

02 한 문서 안에 1단, 2단, 3단의 각각 다른 단을 설정해 문서를 완성해 보세요.

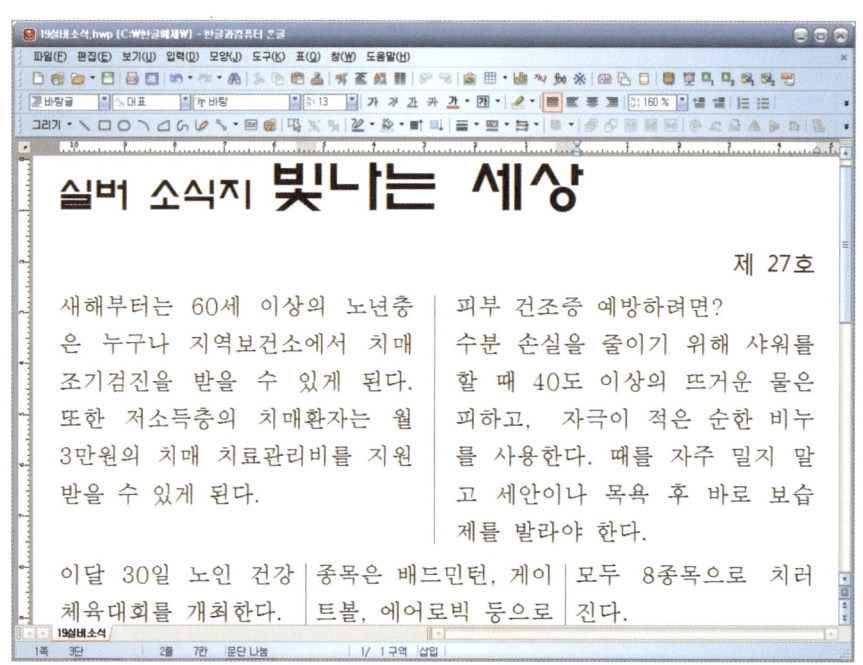

한글 2007

도형 안에 사진 넣어 액자 만들기

한글 2007에서 도형 그리기 기능을 이용하면 다양한 모양의 도형을 삽입할 수 있습니다. 도형의 배경에 사진을 삽입하여 여러 가지 모양의 예쁜 사진 액자를 만들 수 있고, 문서를 출력해 원하는 곳에 붙여 멋진 장식품으로 활용할 수도 있습니다. 도형 기능에 대해 알아봅니다.

❙ 이런걸 배워요! ❙ 도형 삽입, 도형 배경으로 그림 넣기

미 리 보 기 ---

01 [그리기 도구 상자]에서 [타원](⬭)을 클릭하고 마우스 포인터가 십자 모양이 되면 드래그해 원을 삽입합니다.

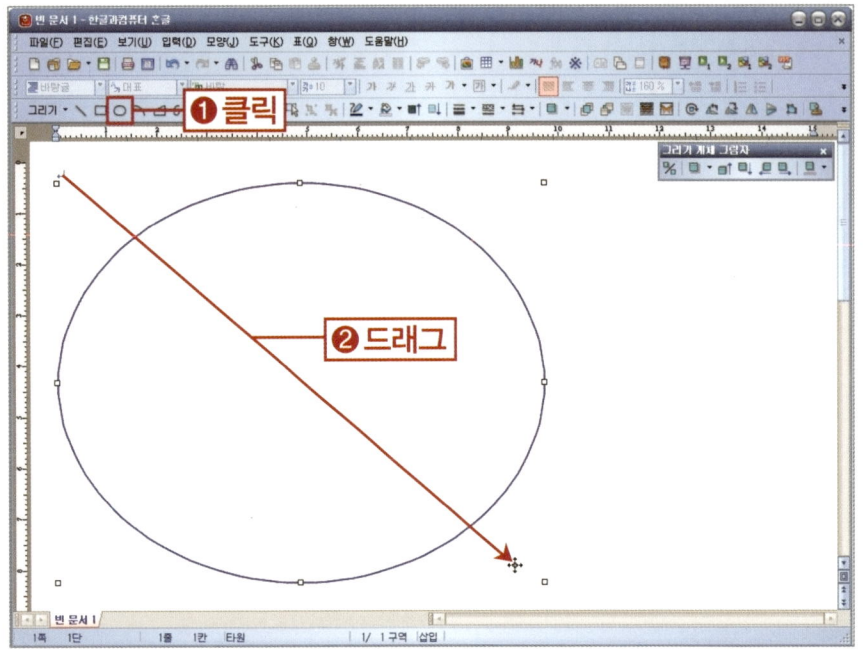

TIP 만약 [그리기 도구 상자]가 보이지 않으면 [보기]–[도구 상자]에서 [그리기 도구 상자]를 클릭합니다.

02 도형 안에서 마우스를 더블클릭합니다. [개체 속성] 대화상자가 나타나면 [채우기] 탭을 클릭합니다. [그림]을 클릭해 체크한 후 [그림 파일]의 [그림 선택](📁)을 클릭합니다.

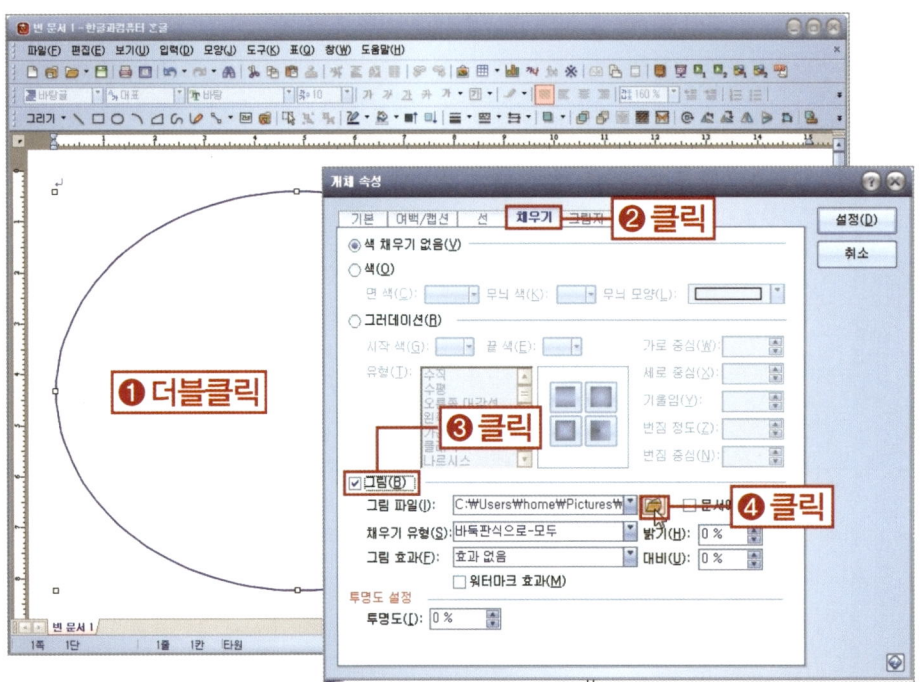

TIP 도형의 배경으로 색이나 그러데이션 대신 그림을 채우기 위해 [그림]을 선택하였습니다.

03 [그림 넣기] 대화상자가 나타나면 [찾는 위치]에서 사진이 있는 폴더를 선택합니다. 원하는 사진을 선택한 후 [넣기]를 클릭합니다.

04 [개체 속성] 대화상자로 돌아오면 [채우기 유형]에서 '크기에 맞추어'를 선택하고 [설정]을 클릭합니다.

05 [선 색]( )에서 '보라'를, [선 굵기]( )에서 '2mm'를 선택하고 [선 종류]( )를 다음과 같이 선택합니다.

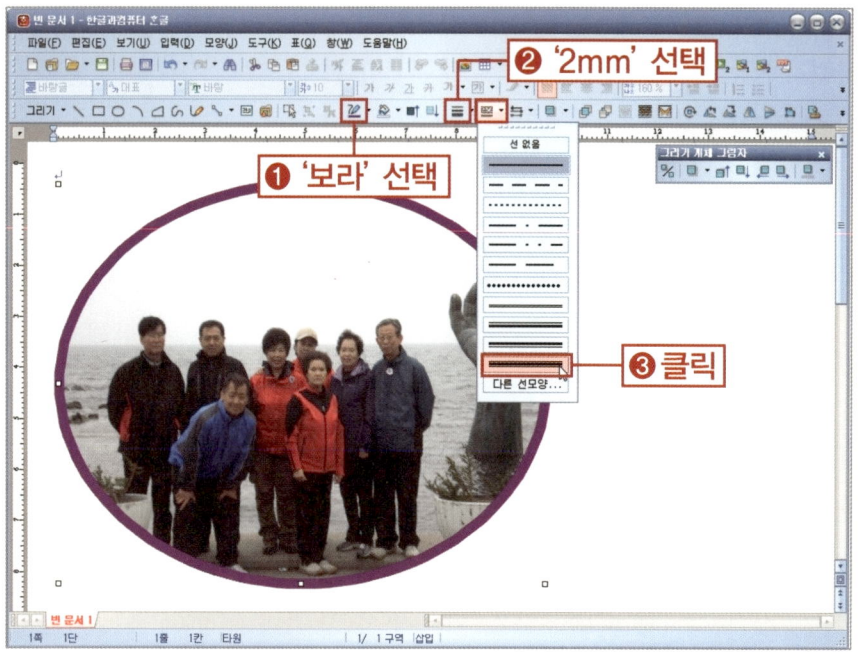

06 다시 타원을 하나 더 그리고 테두리 선을 설정한 후 타원을 더블클릭합니다. [개체 속성] 대화상자에서 [그림]을 클릭하고 삽입할 그림을 선택합니다. [채우기 유형]에서 '크기에 맞추어'를 선택하고 [그림 효과]에서 '그레이 스케일'을 선택한 후 [설정]을 클릭합니다.

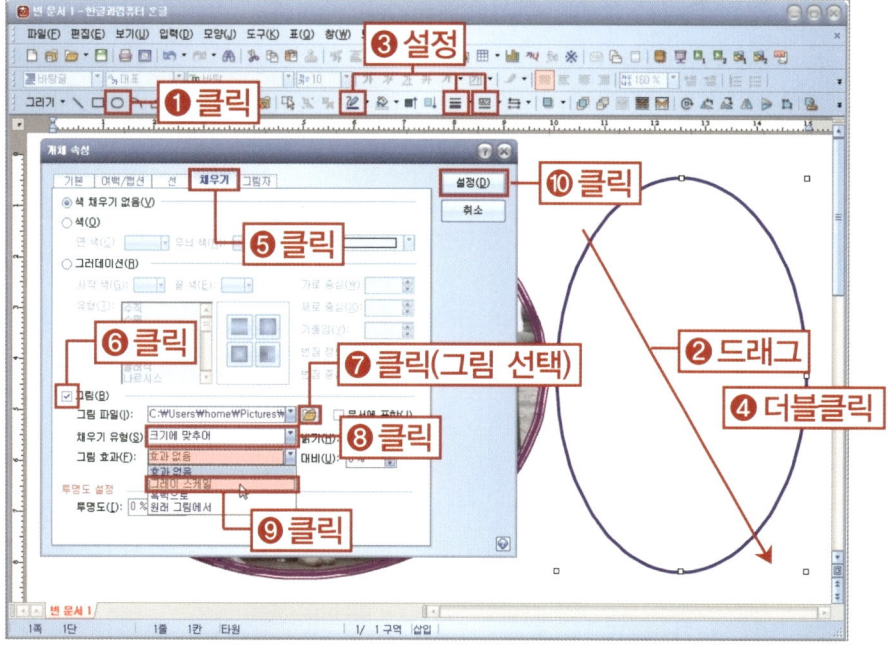

TIP [다각형]( )을 삽입하려면 마우스를 클릭해가며 원하는 모양이 되도록 만들고 시작 점과 끝 점이 만나도록 하면 완성됩니다.

연습문제

01 문서에 타원을 삽입하고 배경으로 가족 사진을 삽입한 후 테두리를 설정해 보세요.

02 문서에 사각형과 다각형을 각각 삽입하고 배경으로 손자, 손녀, 가족들의 사진을 삽입해 꾸며 보세요.

문단 번호와 글머리표로 체계적인 문서 만들기

한글 2007에서는 문단 번호와 글머리표 기능이 제공되므로 문서 작성 시 자주 사용하는 번호가 자동으로 붙여지도록 설정할 수 있습니다. 또한 문단 번호도 자동으로 생성되도록 설정할 수 있습니다. 문단 번호와 글머리표 설정 방법에 대해 알아봅니다.

| 이런걸 배워요! | 문단 번호, 글머리표

미 리 보 기

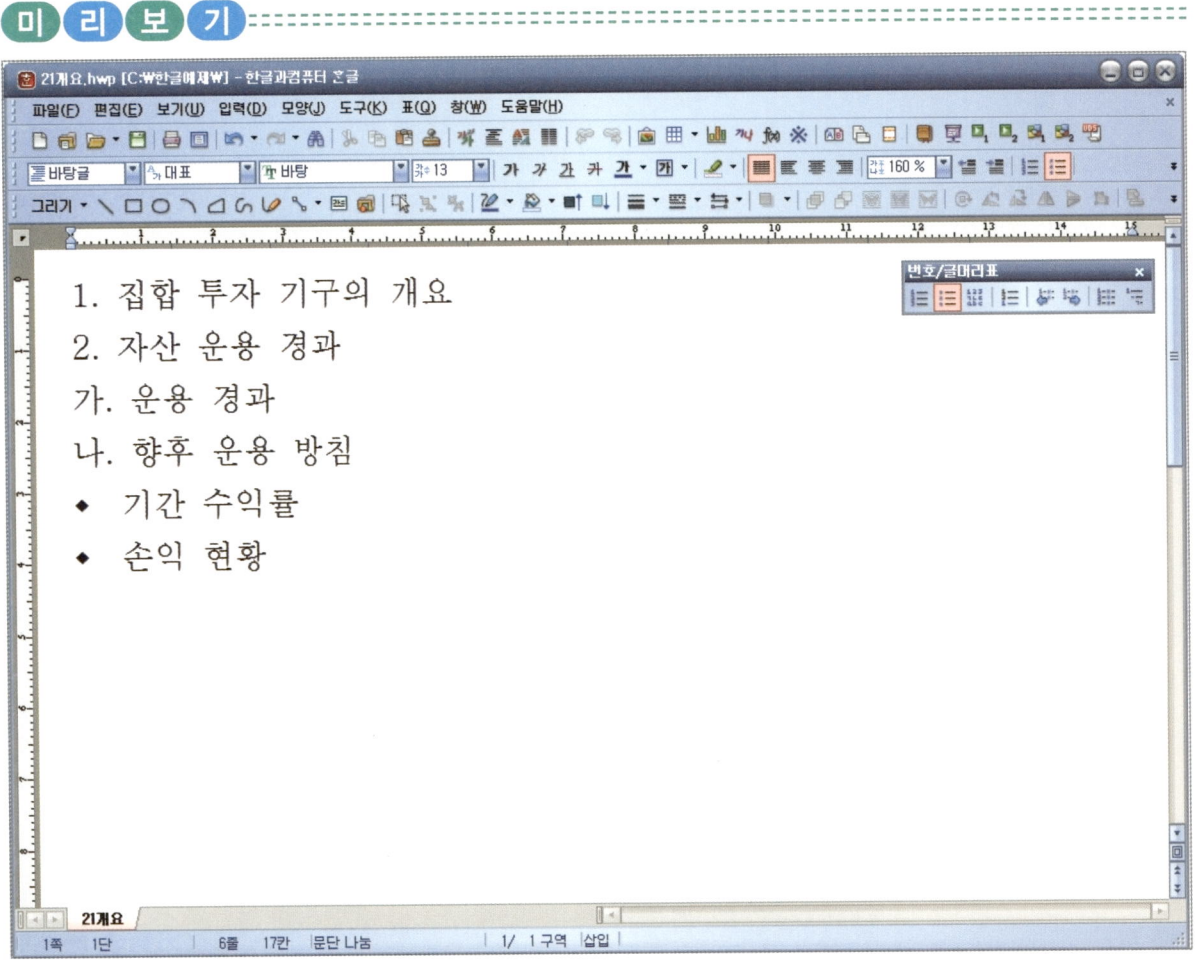

01 새 문서에서 글자 크기를 '13'으로 설정한 후 [서식 도구 상자]에서 [문단 번호 속성/해제](▤)를 클릭합니다.

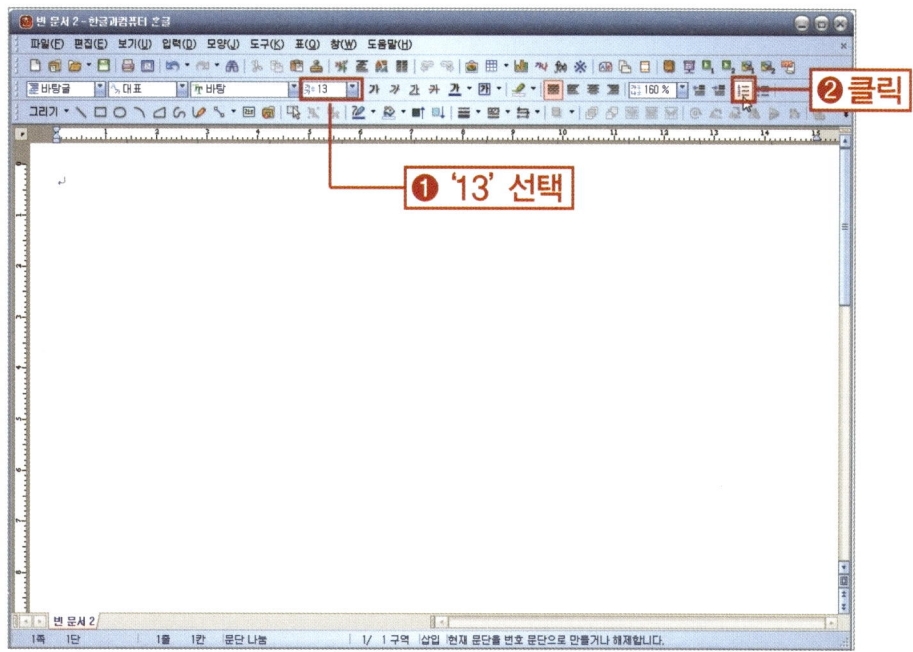

TIP [문단 번호 속성/해제](▤)를 한 번 클릭하면 설정되고 다시 클릭하면 설정을 해제할 수 있습니다.

02 번호가 삽입되면 내용을 입력하고 Enter 를 누릅니다. '2'번이 나타나면 내용을 입력하고 Enter 를 다시 누른 후 [번호/글머리표 도구 상자]에서 [한 수준 감소](▤)를 클릭합니다.

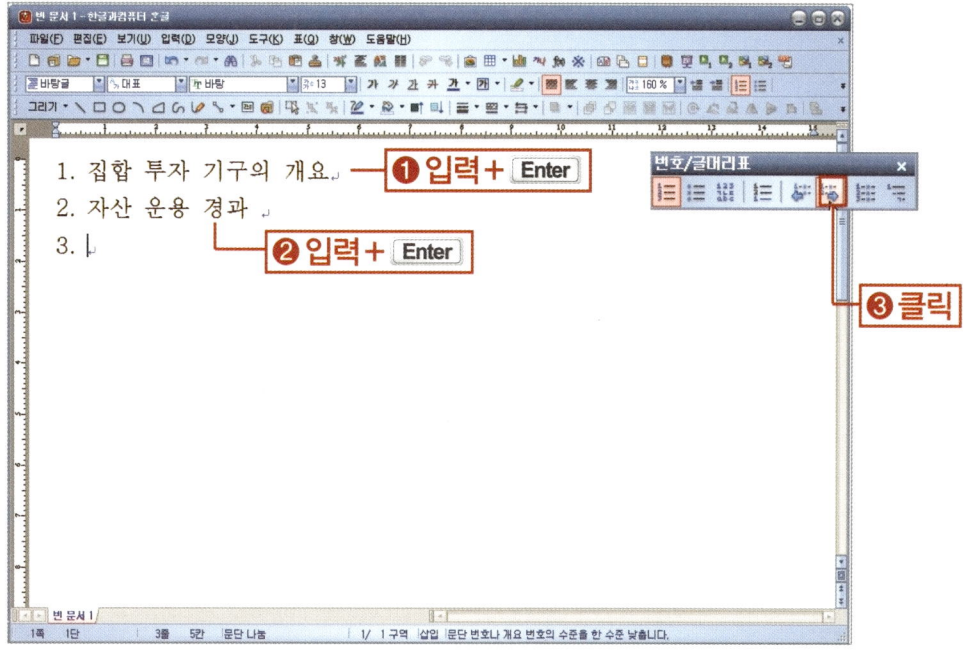

03 아래 수준으로 변경되면 내용을 입력합니다. Enter 를 눌러가며 두 줄을 입력한 후 다시 [한 수준 증가]( )를 클릭합니다.

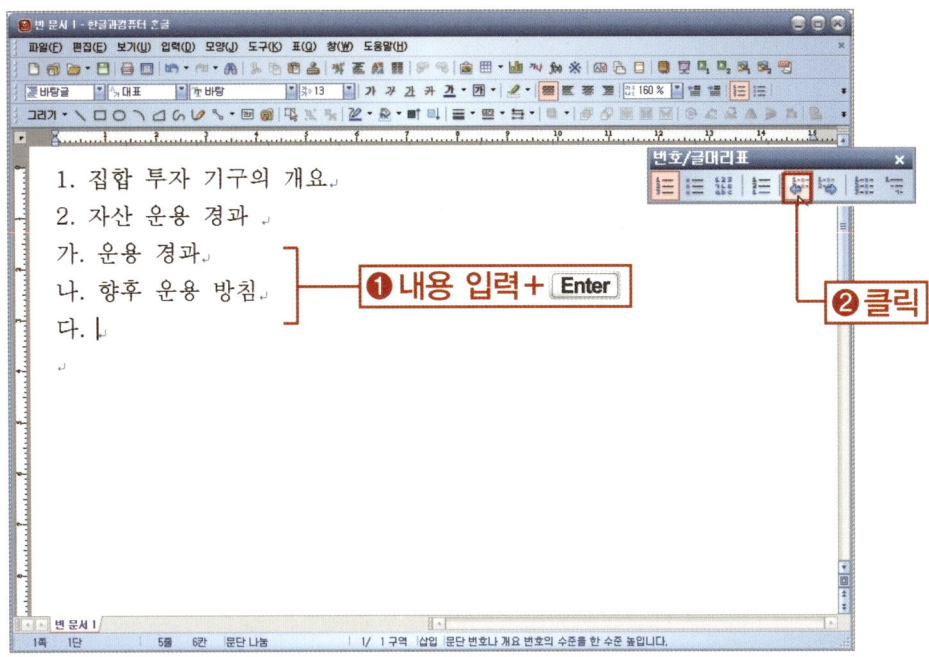

04 [문단 번호 속성/해제]( )를 클릭해 문단 번호 사용을 종료합니다. [서식 도구 상자]에서 [글머리표 속성/해제]( )를 클릭해 글머리표를 삽입합니다.

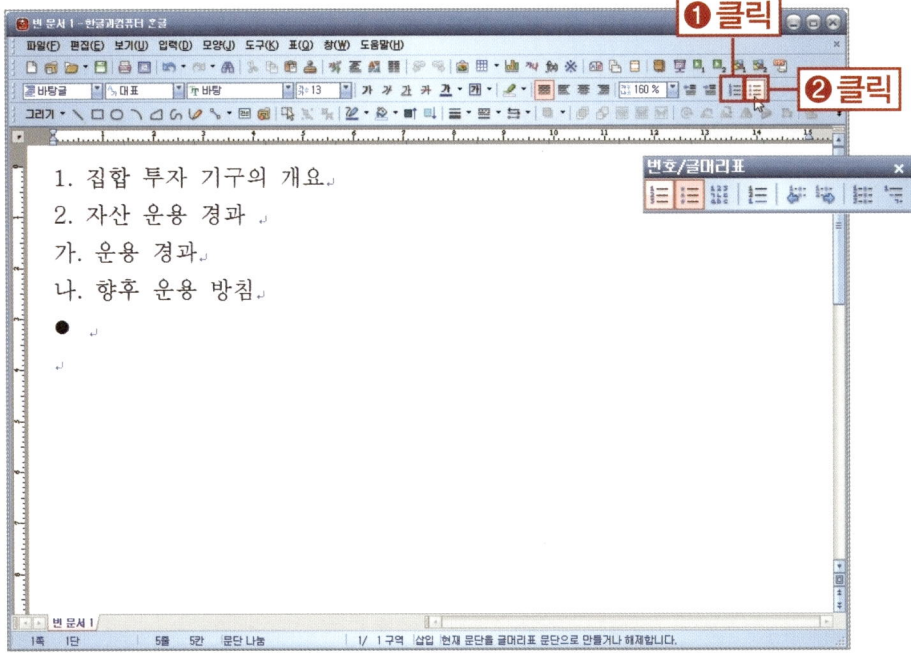

05 [번호/글머리표 도구 상자]에서 [문단 번호/글머리표](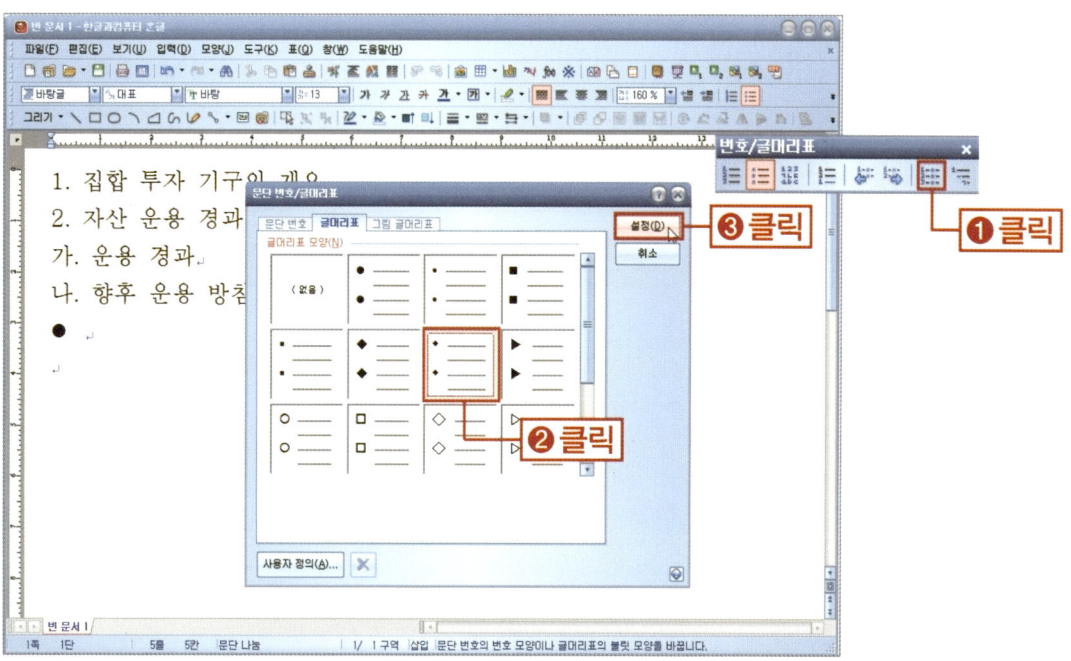)를 클릭합니다. [문단 번호/글머리표] 대화상자의 [글머리표] 탭이 나타나면 변경할 글머리표 모양을 선택하고 [설정]을 클릭합니다.

06 글머리표가 변경됩니다. 내용을 입력하고 Enter 를 눌러 내용을 두 줄 입력합니다.

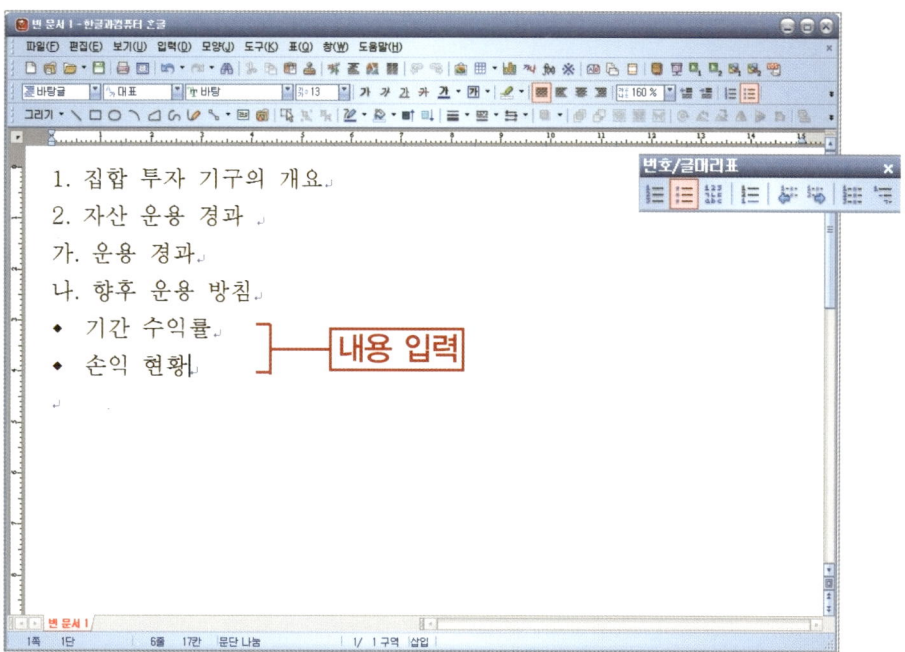

연습문제

01 문단 번호를 삽입하여 다음과 같이 두 개의 다른 수준으로 문단 번호를 삽입해 보세요.

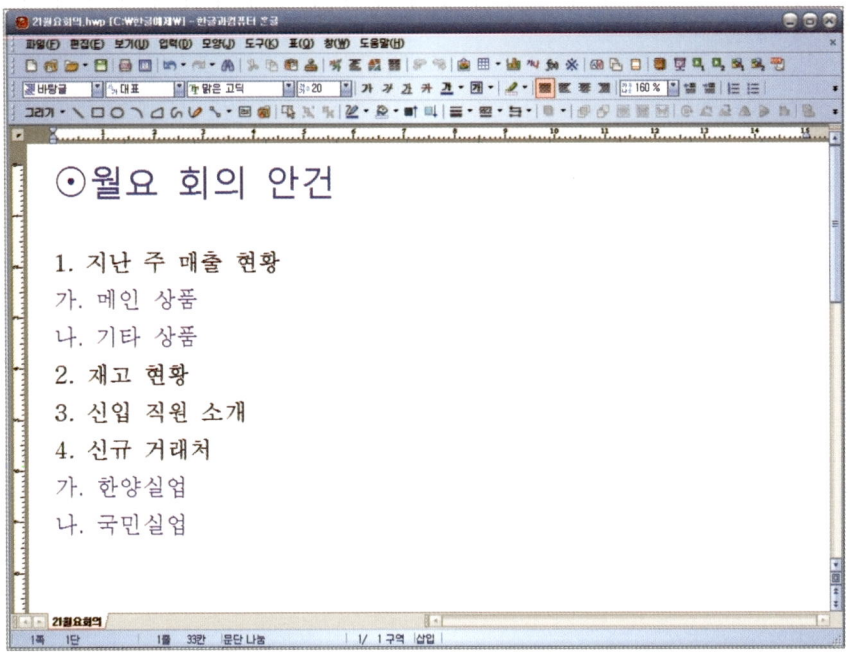

02 글머리표를 삽입하고 모양과 색을 변경해 다음과 같은 문서를 완성해 보세요.

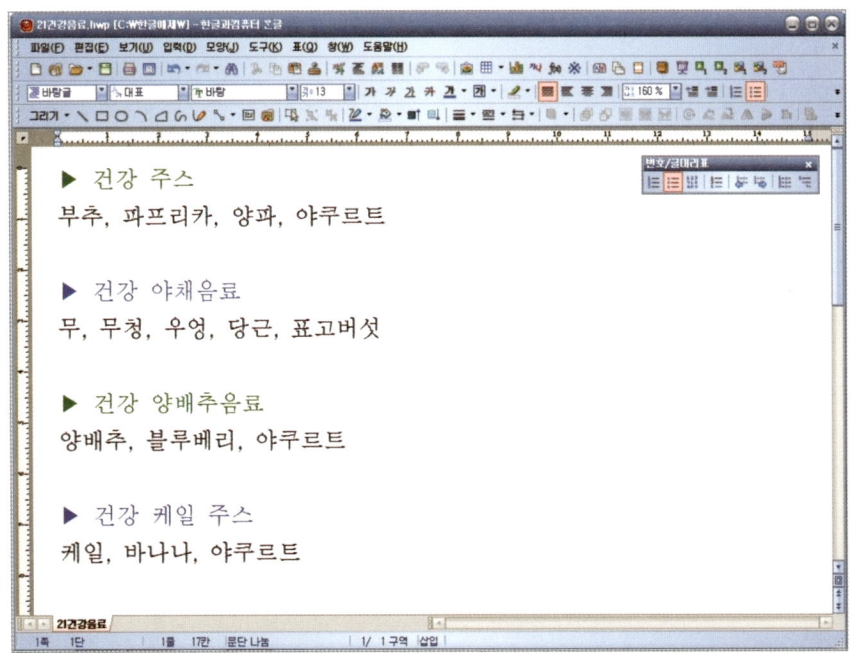

원하는 자료만 콕콕 찾아 바꾸기

작성된 문서에서 특정 내용만 일일이 찾아서 수정하려면 많은 시간과 노력이 필요합니다. 이런 경우 [찾기] 또는 [찾아 바꾸기] 기능을 이용하면 빠르고 정확하게 문서 안의 내용을 찾을 수 있고 원하는 문자열로 바꿀 수 있습니다. 문서에 입력된 문자열을 찾아 변경해 봅니다.

| 이런걸 배워요! | 찾기, 찾아 바꾸기

미리보기

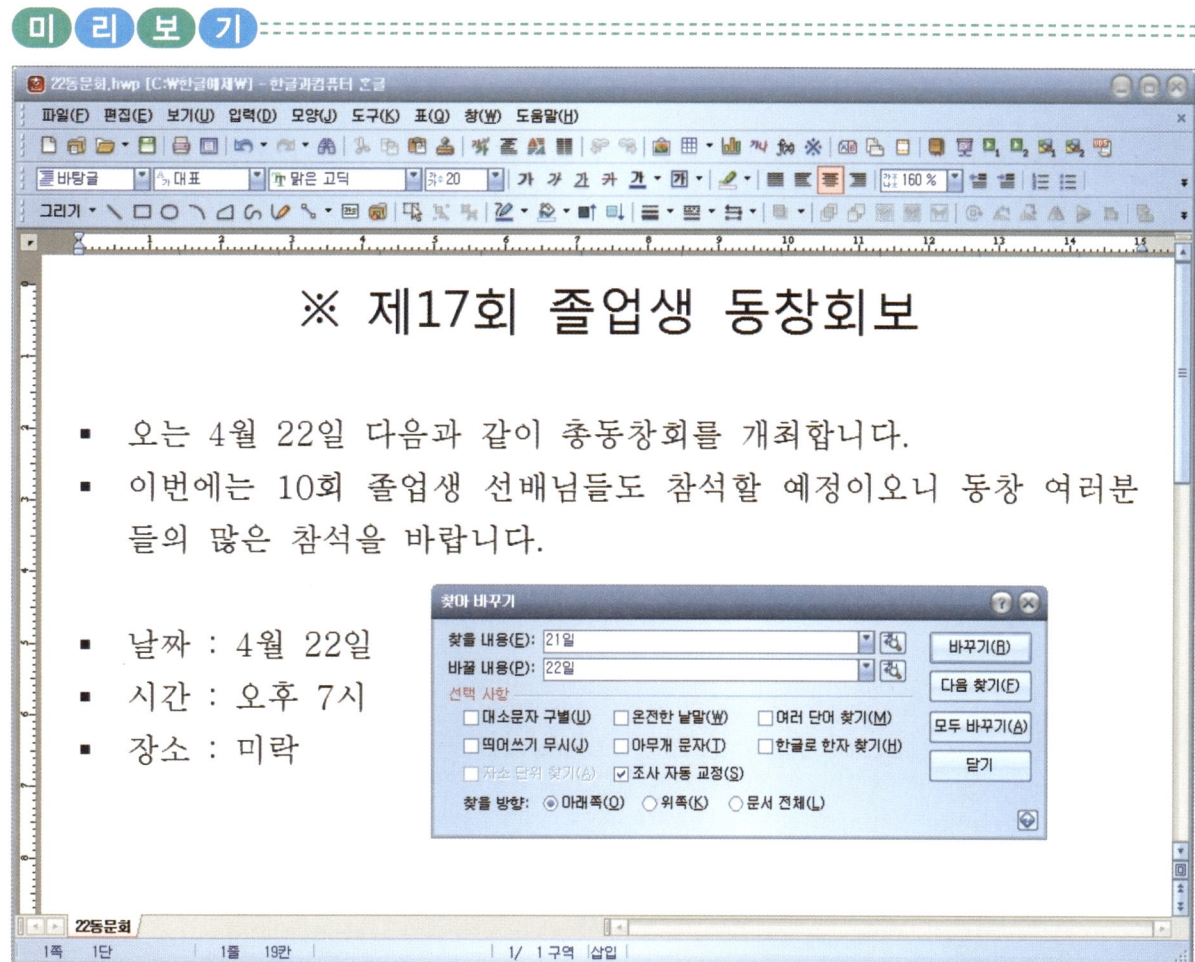

01 다음과 같이 기호와 글머리표를 삽입해 내용을 입력하고 글자 모양을 설정합니다.

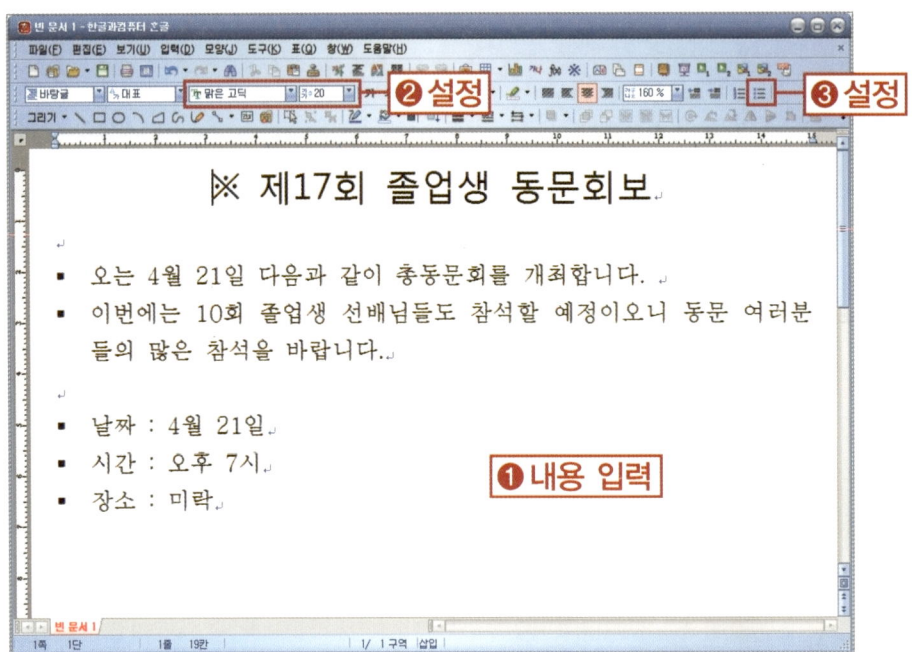

02 문서의 처음에 커서를 놓고 메뉴에서 [편집]-[찾아 바꾸기]를 클릭합니다.

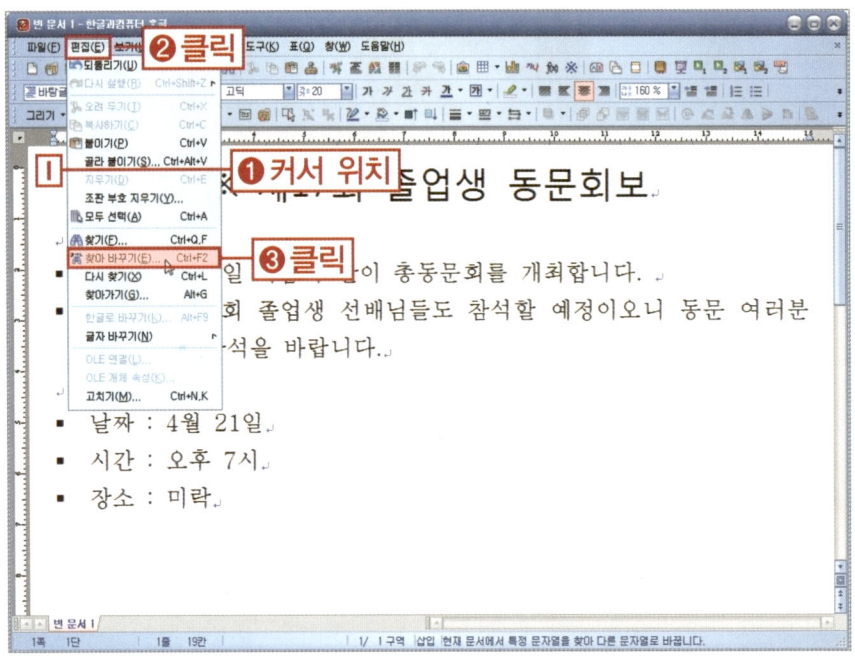

TIP 커서의 위치에 따라 찾는 내용이 달라질 수 있으므로 주의합니다.

03 [찾아 바꾸기] 대화상자가 나타나면 [찾을 내용]에 '동문'을, [바꿀 내용]에 '동창'을 입력합니다. [찾을 방향]에서 '아래쪽'을 선택하고 [바꾸기]를 클릭합니다.

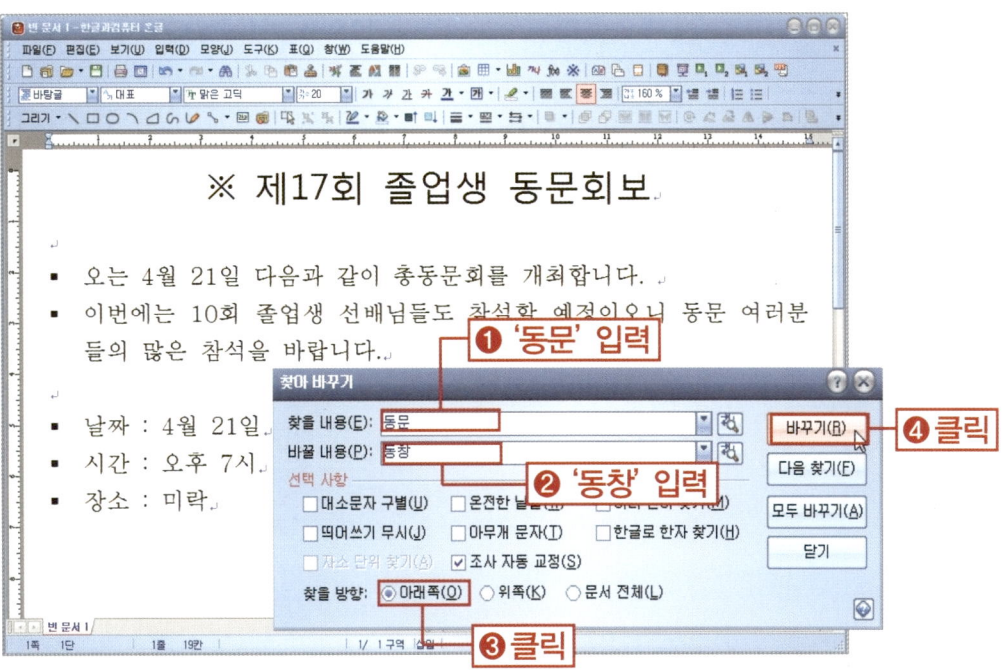

04 첫 번째 '동문' 글자가 선택됩니다. [바꾸기]를 클릭해 실행합니다. '동문'이 '동창'으로 변경되고 두 번째 '동문' 글자가 선택됩니다. 계속해서 [바꾸기]를 클릭해 실행합니다.

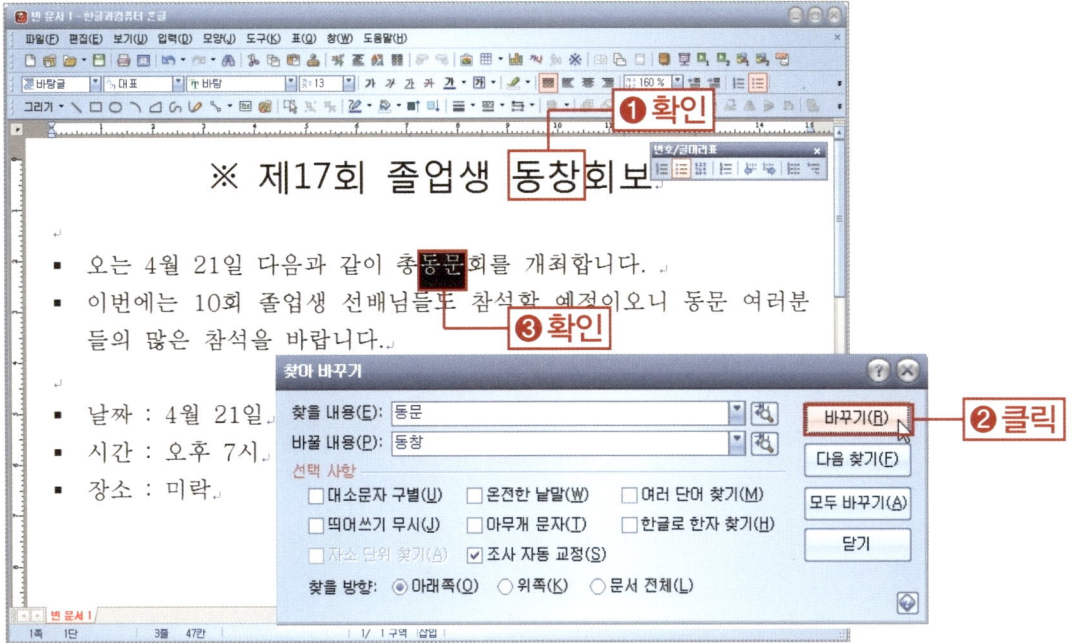

05 모두 찾았다는 메시지가 나타나면 [취소]를 클릭해 찾기를 멈춥니다. 다시 문서 처음을 클릭해 커서를 놓고 [찾을 내용]에 '21일'을, [바꿀 내용]에 '22일'을 입력한 후 [모두 바꾸기]를 클릭합니다.

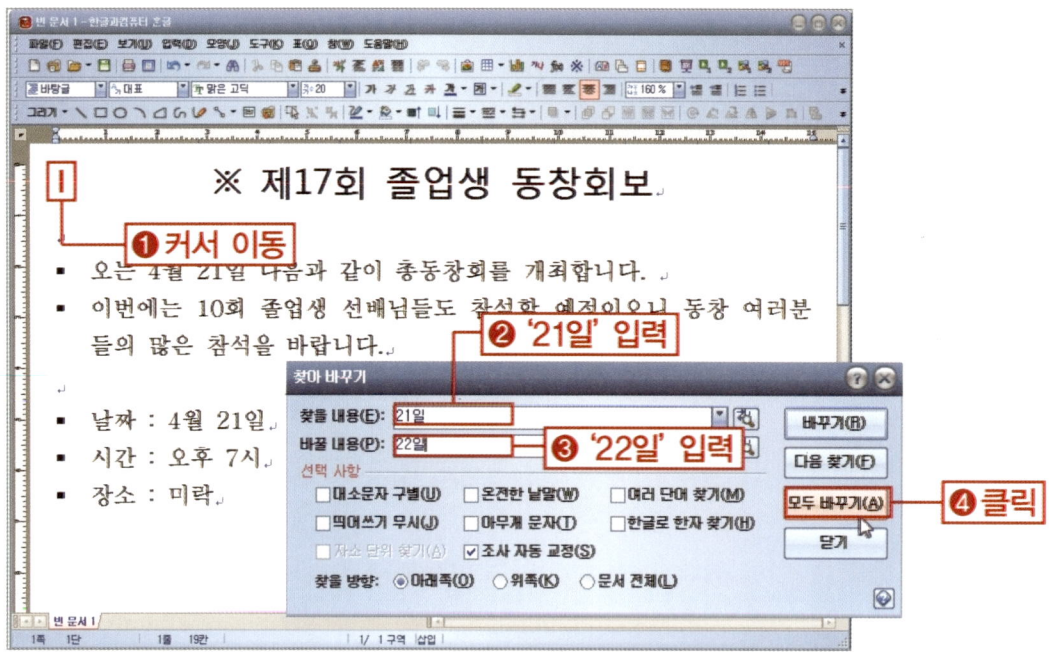

06 한 번에 모든 내용을 찾아 바꾼 후 바꾸기를 실행한 전체 횟수가 표시됩니다. 더 찾을 내용이 없으면 [취소]를 클릭합니다.

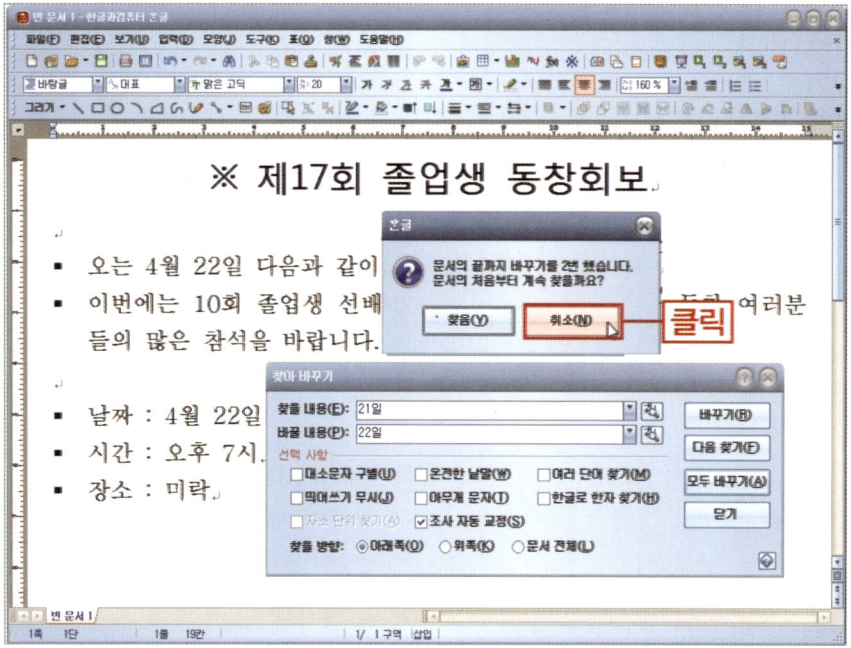

연습문제

01 다음과 같은 글을 입력한 후 문서에서 '체중' 글자를 찾아 모두 '몸무게'로 바꾸어 보세요.

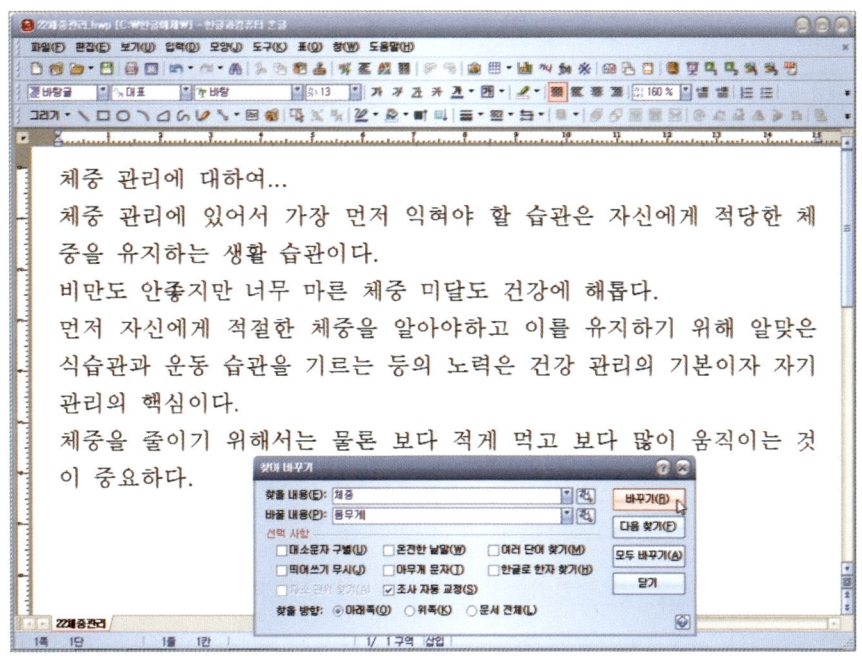

02 위 1번에서 변경된 '몸무게' 중 다음 세 곳의 단어를 파란 색으로 변경한 후 파란색의 '몸무게'만 '체중'으로 변경해 보세요.

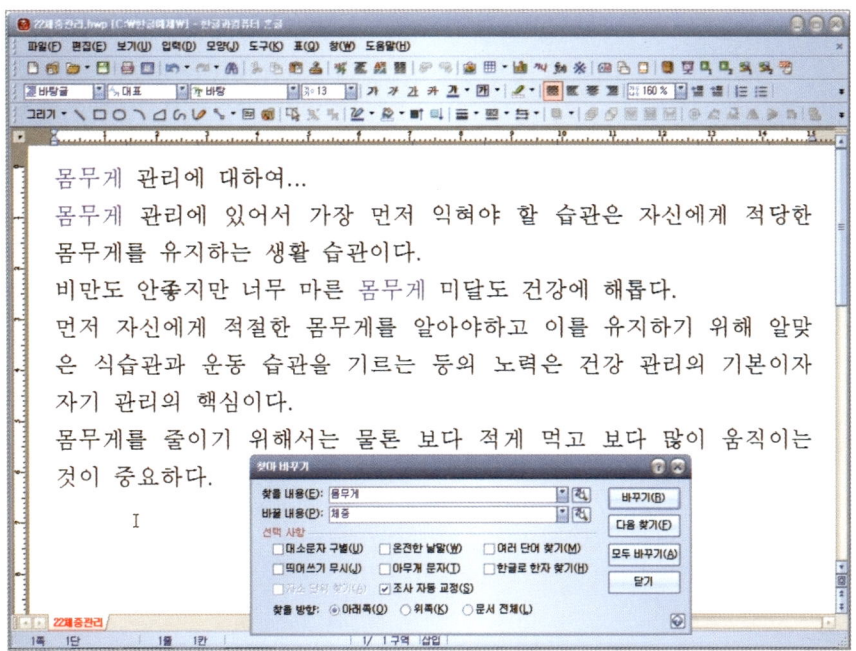

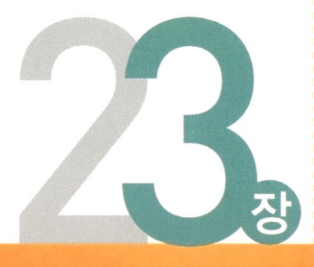

한글 2007

23장 메일 머지로 초대장 보내기

모임 회원들에게 보내는 초대장이나 알림장과 같은 형식의 문서들은 보통 같은 내용인데 이름과 같은 특정 부분만 다릅니다. 이런 문서는 메일 머지 기능을 이용해 인쇄하면 해당 쪽마다 들어갈 데이터를 자동으로 바꾸어가며 인쇄되므로 매우 편리합니다. 메일 머지를 설정해 봅니다.

이런걸 배워요! 메일 머지 표시 달기, 메일 머지 실행

미리보기

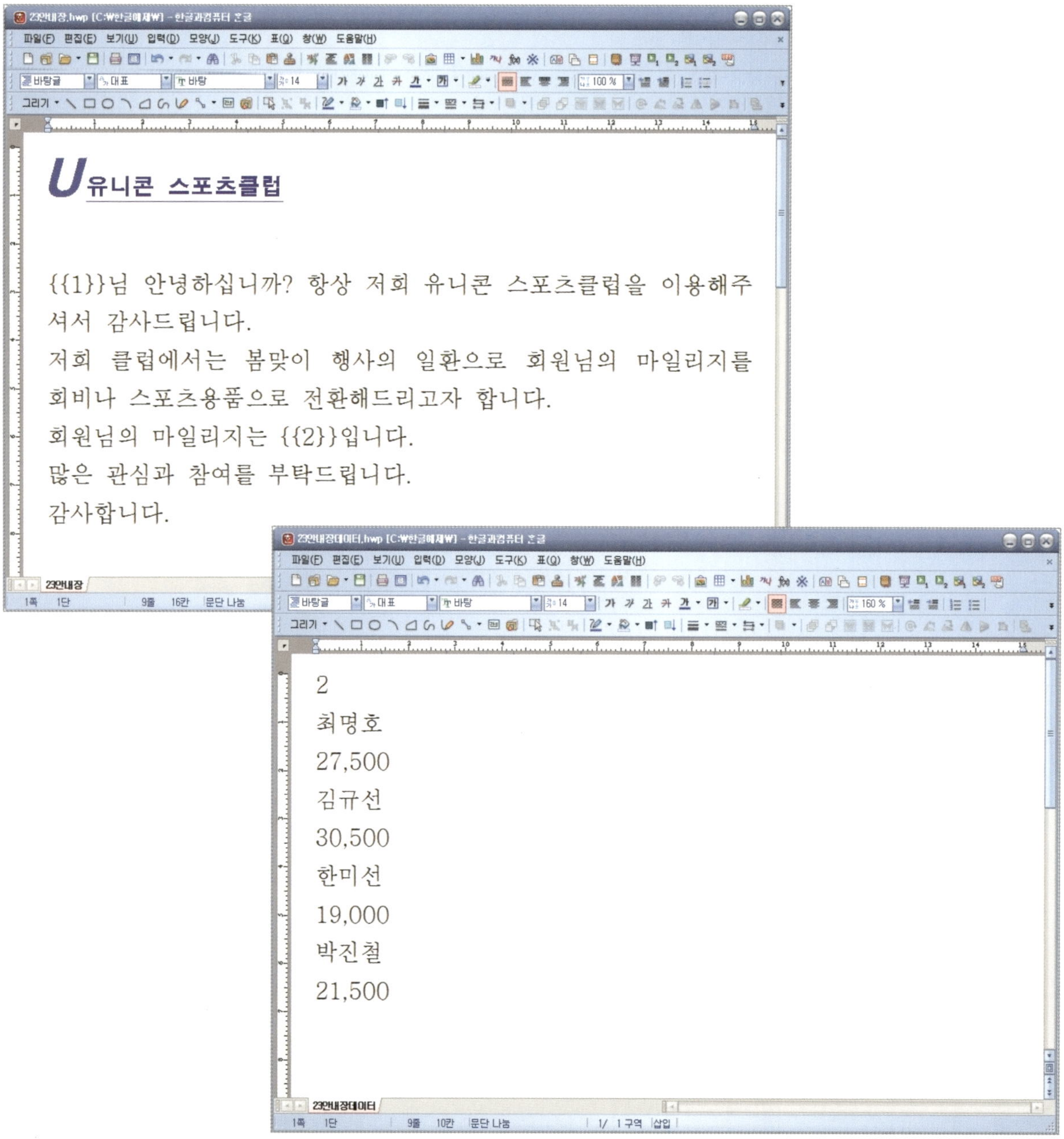

01 먼저 다음과 같은 내용의 문서를 작성합니다.

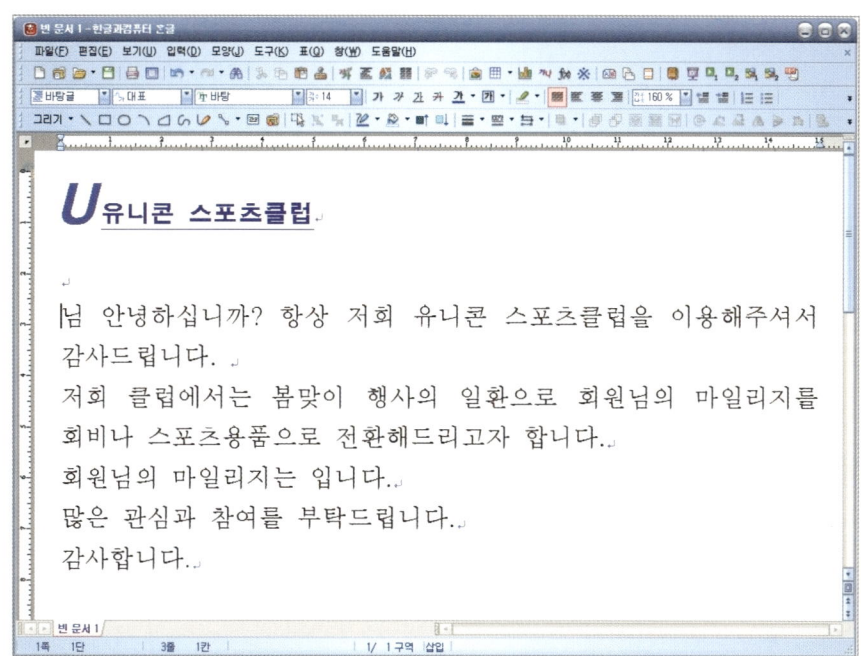

02 셋째 줄의 '님' 왼쪽에 커서를 놓고 메뉴의 [도구]-[메일 머지]-[메일 머지 표시 달기]를 클릭합니다. [메일 머지 표시 달기] 대화상자가 나타나면 [흔글 문서/DBF] 탭을 클릭하고 필드 번호 '1'을 입력한 후 [넣기]를 클릭합니다.

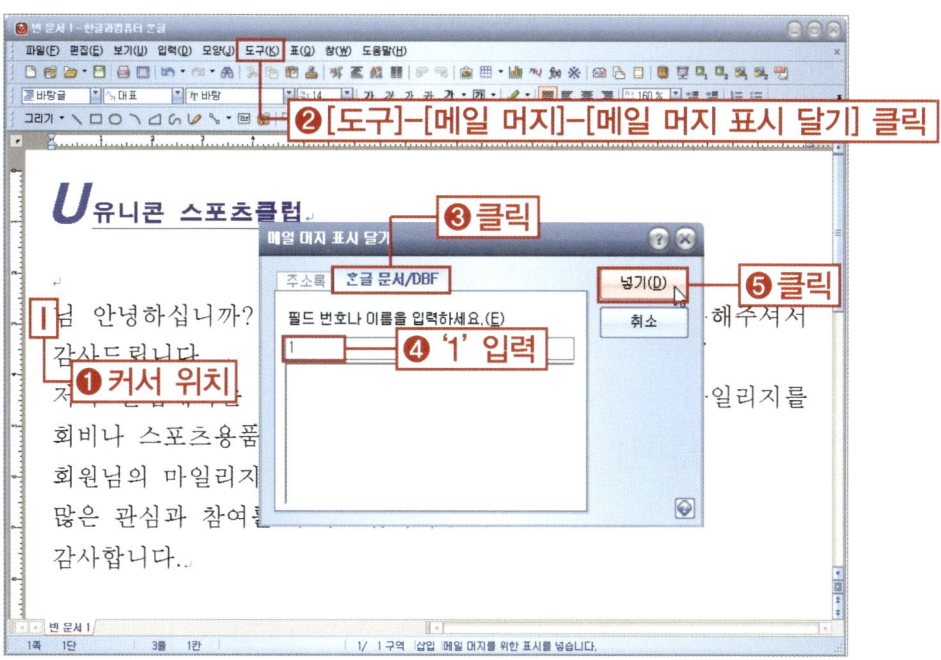

03 커서 자리에 메일 머지 표시가 생깁니다. 끝에서 셋째 줄의 '입니다' 왼쪽에 커서를 놓고 다시 [도구]-[메일 머지]-[메일 머지 표시 달기]를 클릭합니다. [메일 머지 표시 달기] 대화상자가 나타나면 [호글 문서/DBF] 탭을 클릭하고 필드 번호 '2'를 입력한 후 [넣기]를 클릭합니다. [저장하기]를 클릭해 '23안내장'으로 문서를 저장합니다.

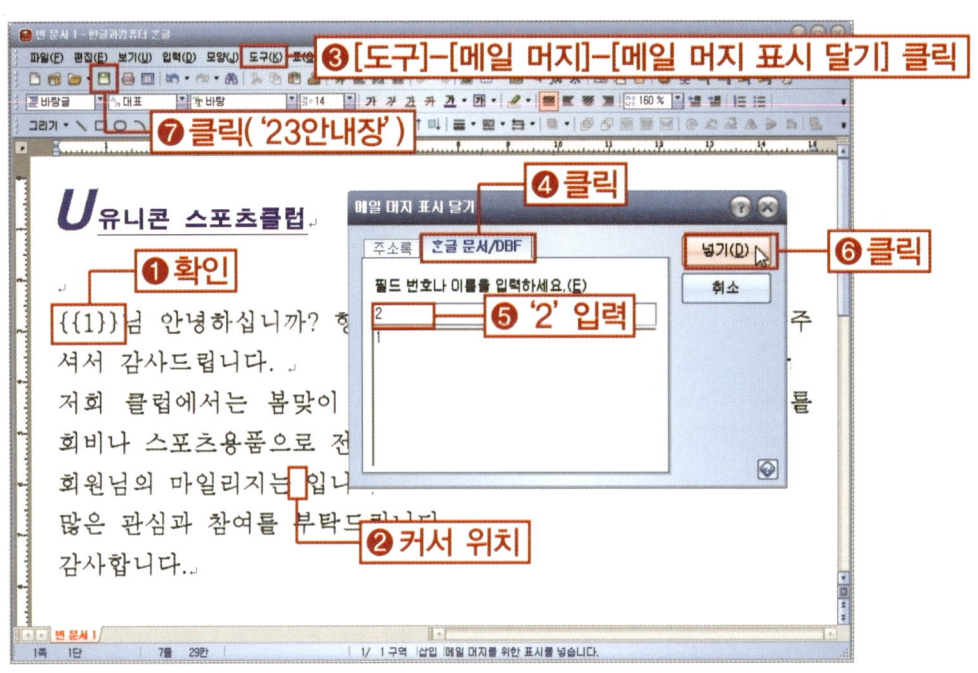

04 새 문서를 열어 다음과 같은 내용을 입력합니다. 입력이 완료되면 [저장하기]를 클릭해 '23안내장데이터'로 문서를 저장합니다.

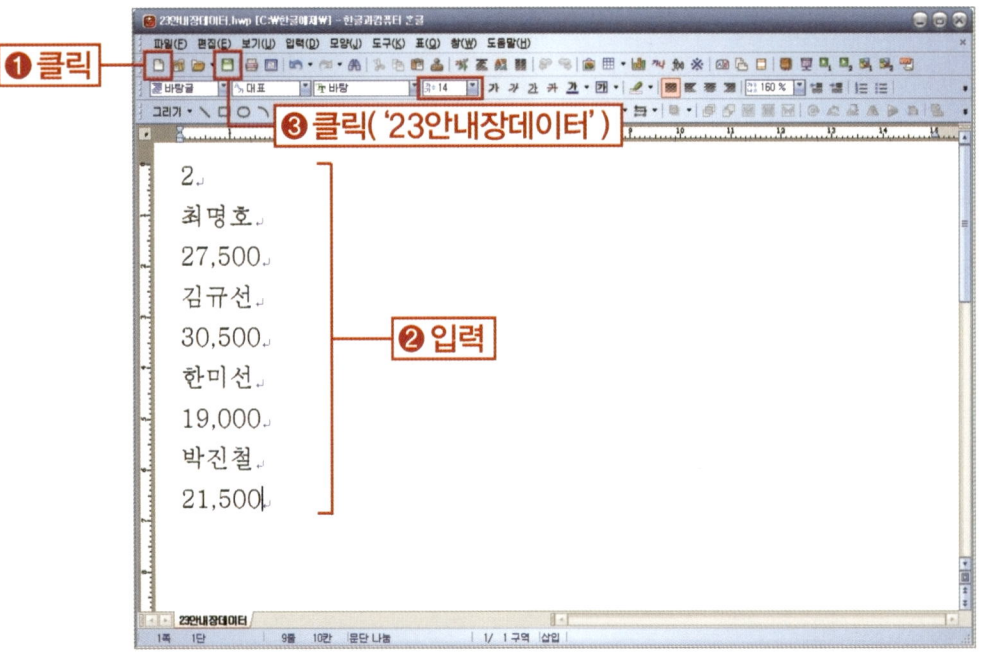

TIP 첫 줄의 '2'는 필드의 개수를 나타냅니다. 한 줄에는 한 개의 필드만 입력합니다.

05 '23안내장' 문서로 돌아와 메뉴에서 [도구]-[메일 머지]-[메일 머지 만들기]를 클릭합니다. [메일 머지 만들기] 대화상자가 나타나면 [흔글 파일]을 선택하고 [파일 선택]을 클릭해 '23안내장데이터' 문서를 선택합니다. [출력 방향]에서 '화면'을 선택한 후 [확인]을 클릭합니다.

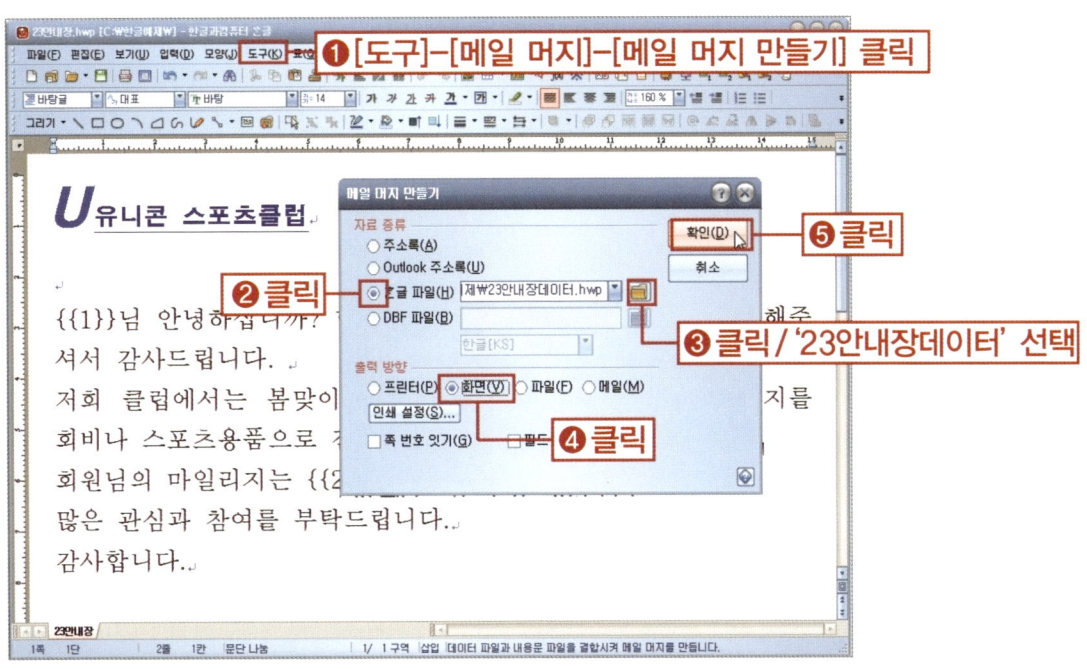

TIP [출력 방향]을 '프린터'로 설정하면 문서가 순서대로 인쇄됩니다.

06 [미리 보기] 창이 나타나면서 인쇄될 첫 쪽이 보입니다. 메일 머지 표시가 있던 부분에 데이터 파일이 삽입된 것을 알 수 있습니다. Page Down 을 눌러 다음 쪽들도 계속해서 내용을 확인합니다.

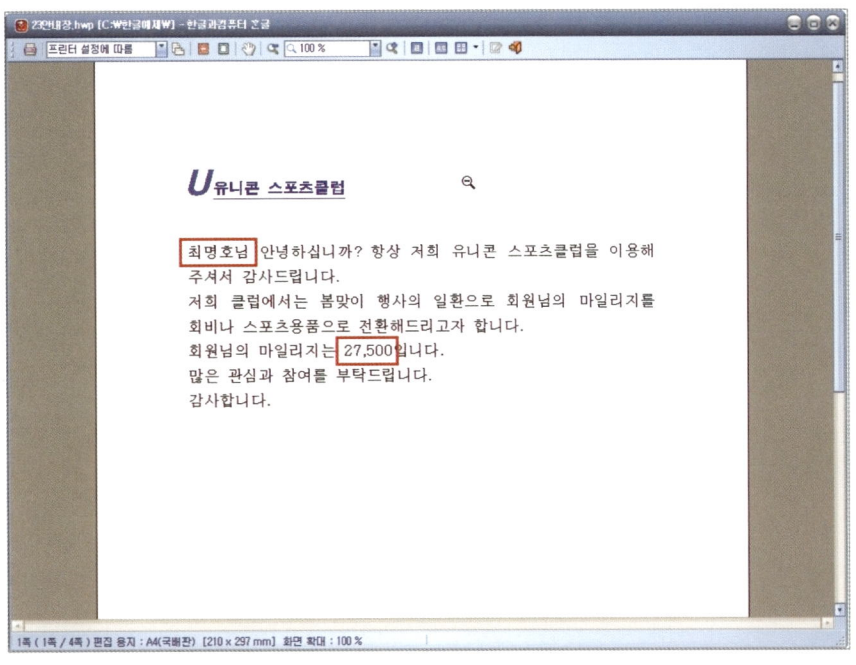

TIP 문서를 클릭하면 내용이 확대되고 다시 클릭하면 축소되므로 확대하여 확인하도록 합니다.

연습문제

01 다음과 같은 메일 머지를 위한 문서를 작성하고 메일 머지 표시를 달아 '23초대장' 으로 저장하세요.

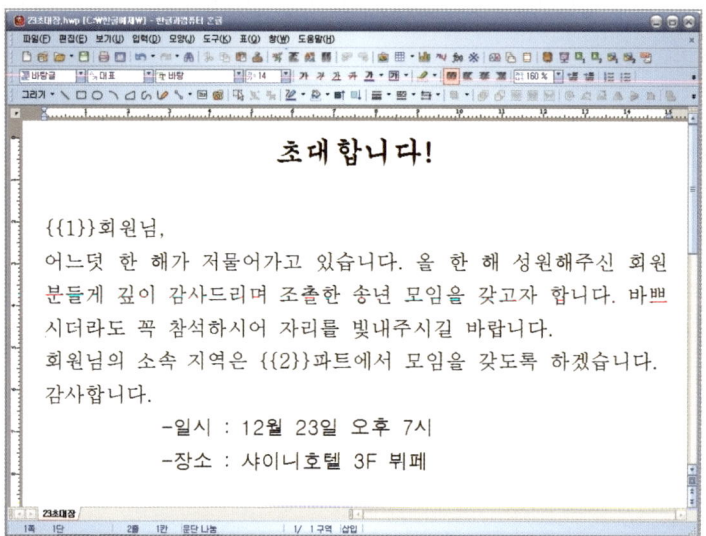

02 다음과 같이 메일 머지 데이터로 사용할 문서를 작성하고 '23초대장데이터' 로 저장하세요.

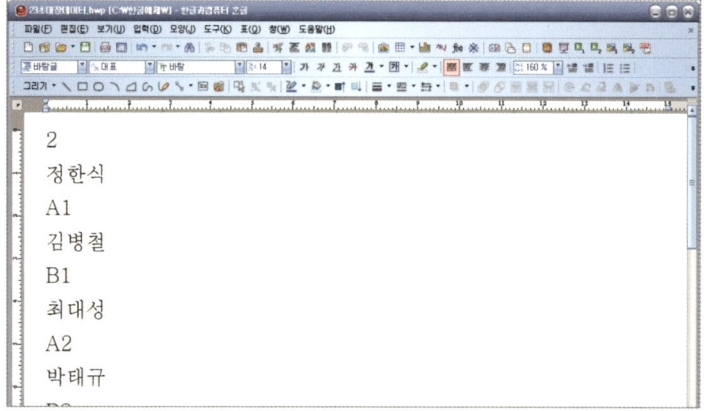

03 '23초대장' 문서에서 메일 머지를 실행해 화면으로 메일 머지 결과를 확인해 보세요.

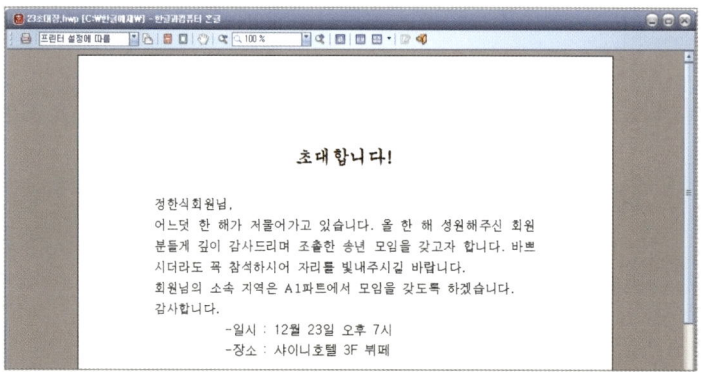

한글 2007

컴도사 등극하기

한글 2007은 문서 편집을 위한 거의 모든 기능을 편리하게 제공합니다. 인터넷에서 문서 작성에 필요한 자료를 검색하고 한글 2007의 기능들을 활용해 문서를 편집해 봅니다.

❚ 이런걸 배워요! ❚ 인터넷의 데이터와 사진 복사, 글자 모양 설정, 그림 배치, 기호 삽입, 글머리표 삽입, 인쇄 미리 보기

미 리 보 기

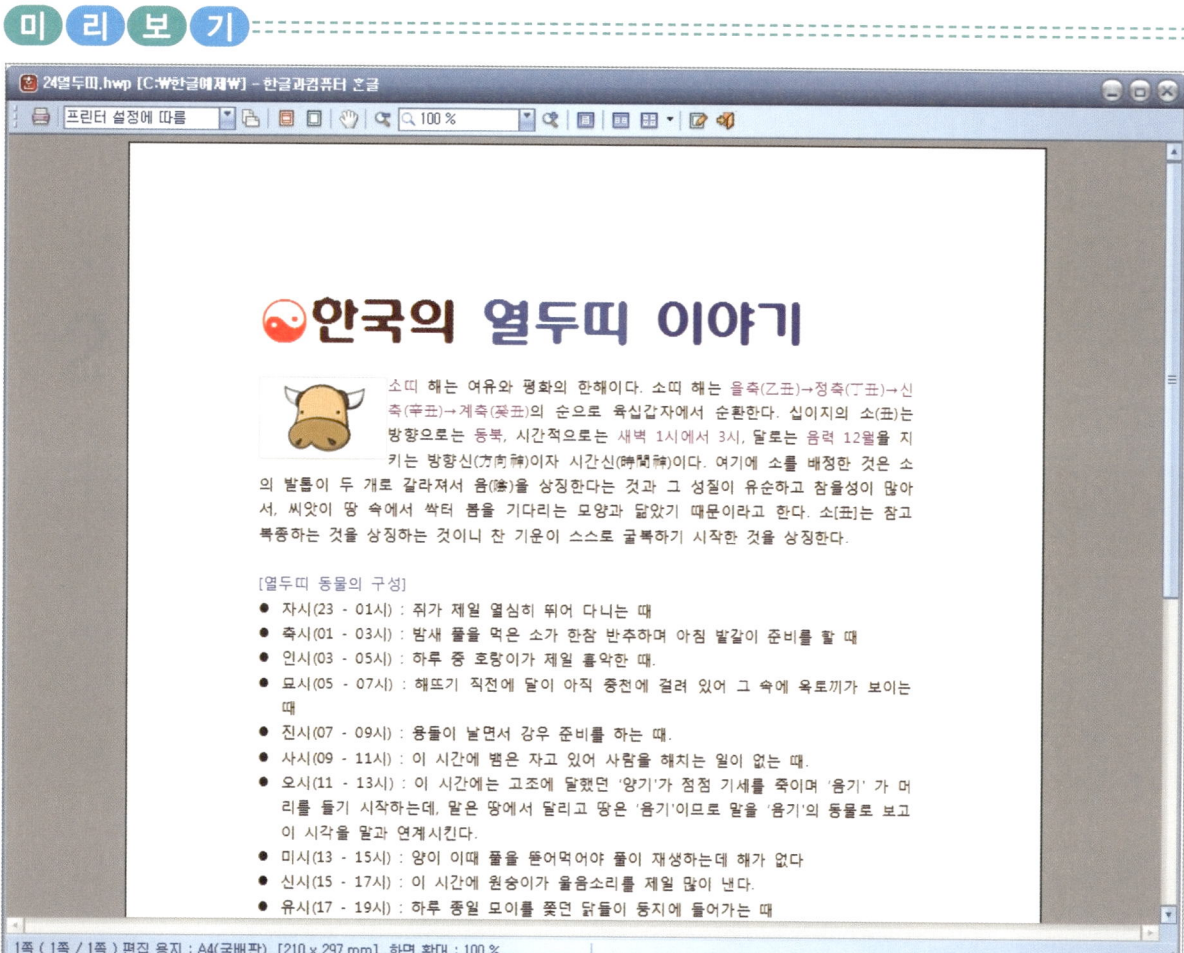

01 인터넷에 연결하고 '국가문화유산포털' 사이트(www.heritage.go.kr)로 이동합니다. [문화유산 학습관]-[전통민속문화] 메뉴를 클릭합니다.

02 [한국의 12지] 메뉴에서 자신의 띠와 같은 동물 사진을 골라 복사한 후 한글 2007에 붙입니다.

TIP 한글 2007에서 [기본 도구 상자]의 [붙이기]를 클릭하고 [원본 형식 유지]를 선택해 삽입합니다.

03 띠에 관한 설명도 복사해 붙입니다. 그림과 글의 배치는 [어울림]으로 설정하고 글꼴은 '맑은 고딕'으로 설정합니다. 중요한 내용은 글자 색을 다르게 설정합니다.

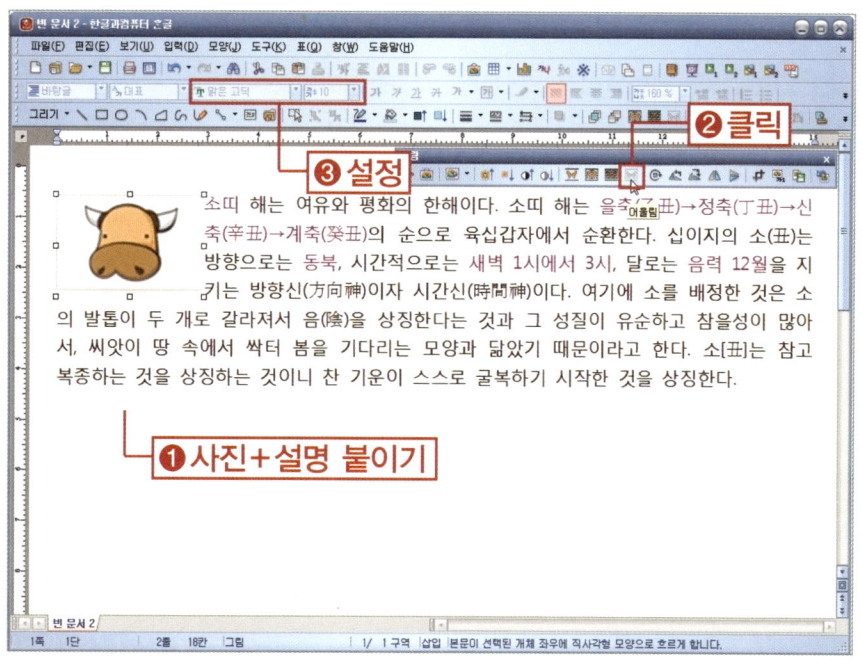

TIP 문자는 [텍스트 형식으로 붙이기]를 선택해 붙입니다.

04 다시 [한국의 12지] 초기 화면에서 [상세 설명]을 클릭하고 [열두띠 동물의 구성]을 선택합니다. 아래쪽의 내용을 범위 지정한 후 복사해 한글 2007에 붙입니다.

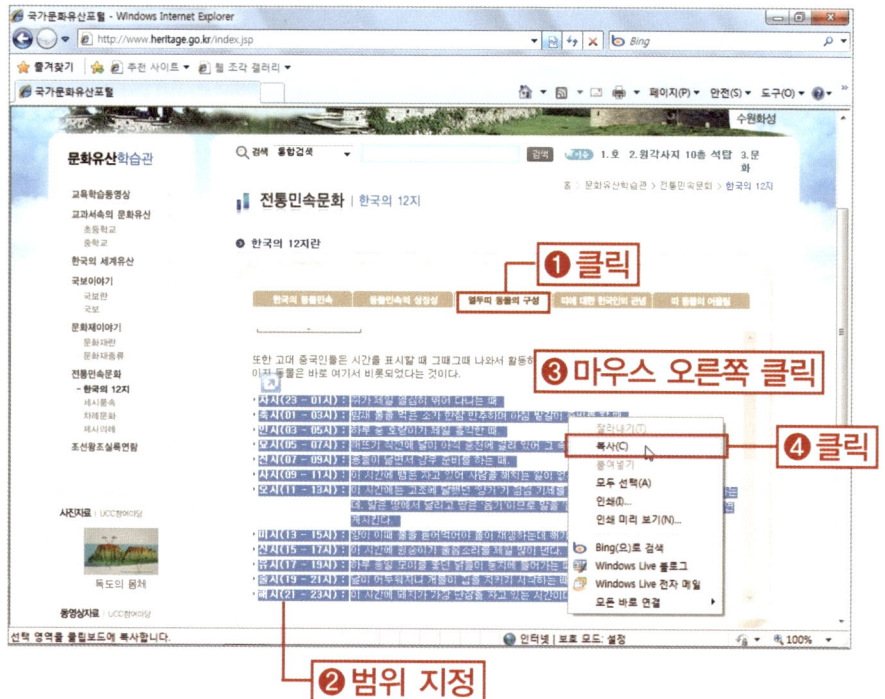

05 큰 제목과 중간 제목을 입력하고 각각 글자 모양을 꾸밉니다. 큰 제목 앞에 커서를 놓고 [입력]-[문자표]를 클릭해 기호를 삽입합니다.

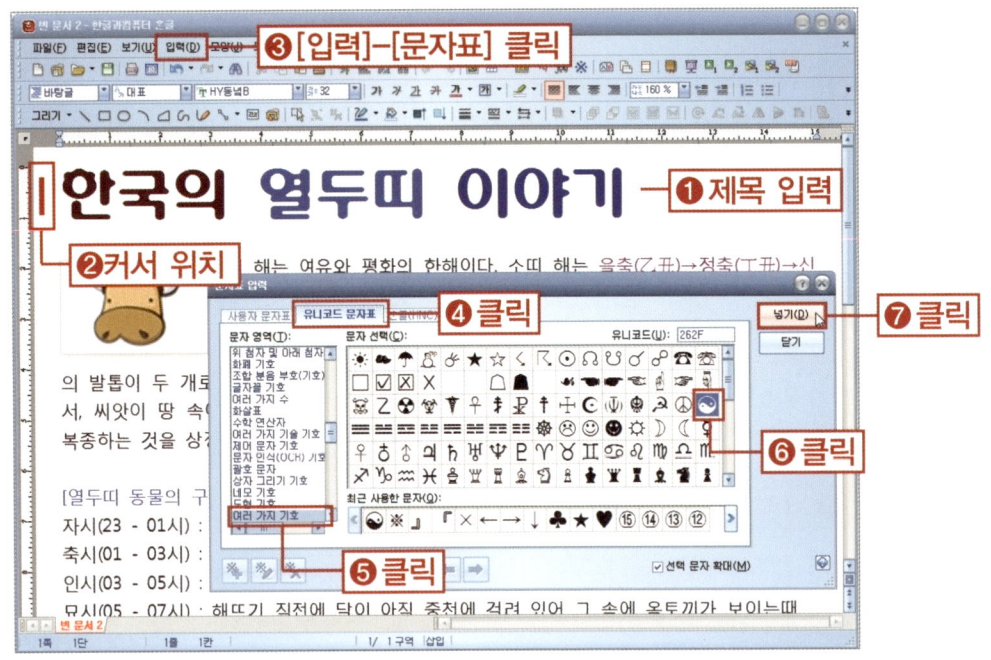

06 아래쪽 내용을 한 번에 범위 설정한 후 [글머리표 속성/해제]를 클릭해 글머리표를 설정합니다. [기본 도구 상자]에서 [미리 보기](圖)를 클릭해 미리 보기 창을 열고 [여백 보기](圖)를 클릭해 문서의 여백과 전체 내용을 확인한 후 인쇄합니다.

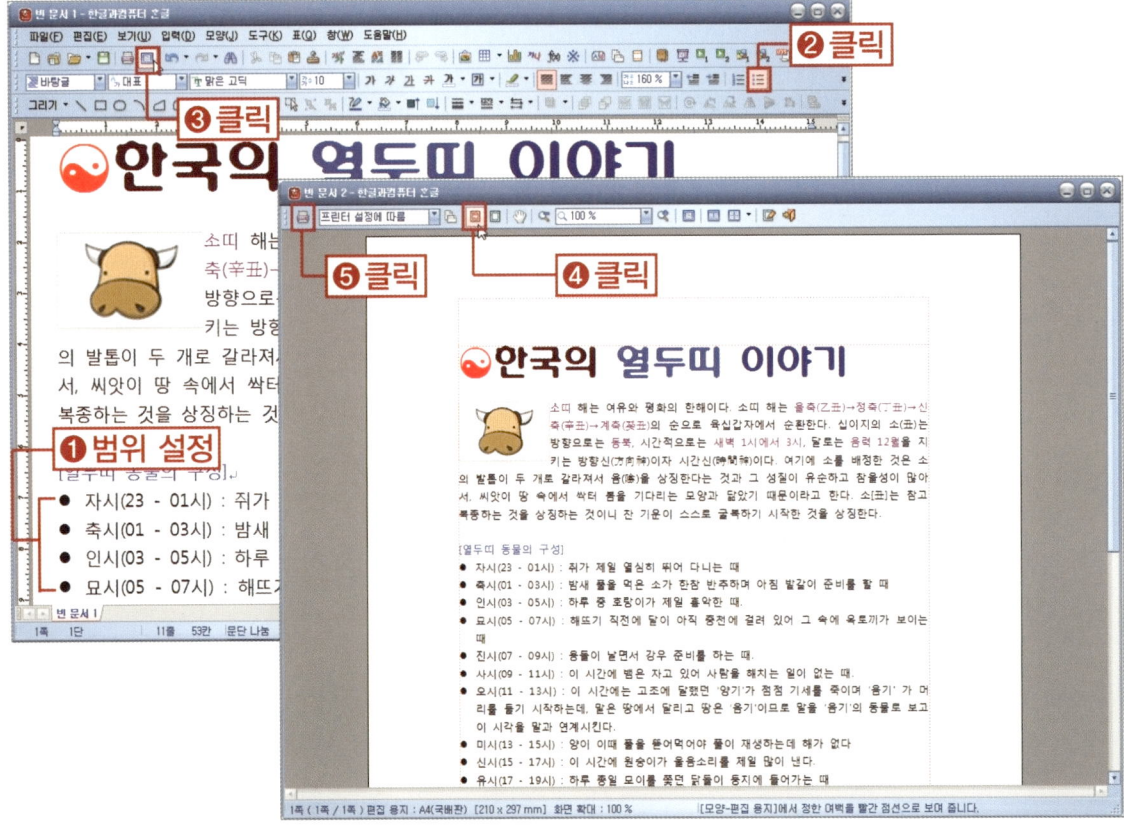

TIP 미리 보기 창에서 [인쇄]를 클릭하면 인쇄할 수 있습니다.

연습문제

01 인터넷에서 여러 가지 웰빙 주스 만드는 법을 검색하고 만드는 법과 관련 사진, 관련 자료 등을 복사해 한글 2007에서 편집해 보세요.

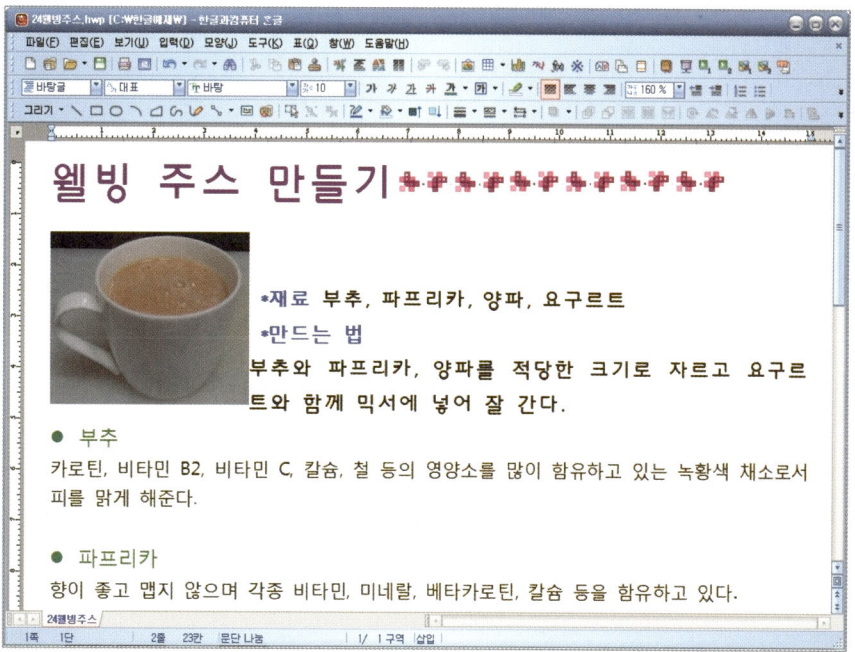

02 인터넷에서 '숭례문'에 대한 각종 자료를 검색한 후 복사해 한글 2007에서 여러 가지 기능을 활용해 편집해 보세요.

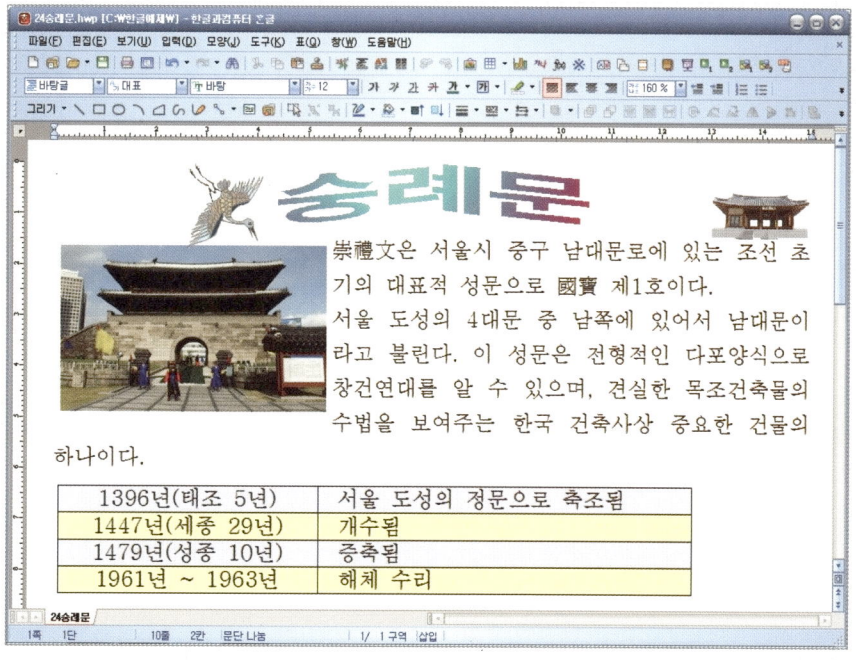

속전속결 시리즈로
그래픽과, OA 모두 한번에 OK!

'속전속결 시리즈'는 그래픽과 OA 분야로 새롭게 구성된 강의용 전문 교재입니다.
컬러편집을 통한 친절한 설명과 따라하기 방식의 구성으로 초보자들도 쉽게 익힐 수 있으며,
난이도별도 다양하고 핵심적인 연습문제와 예제를 싣고 있어 수준별 학습이 가능합니다.

속전속결 윈도우7&인터넷
이영운 저 | 12,000원

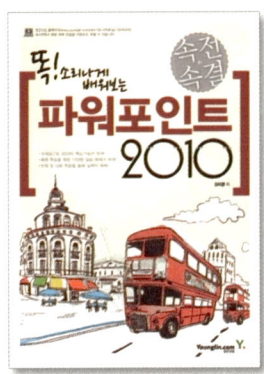

속전속결 파워포인트 2010
김미영 저 | 13,000원

속전속결 한글 2010
박소영 저 | 14,000원

속전속결 포토샵 CS5
김지연 저 | 15,000원

속전속결 일러스트레이터 CS5
김혜진, 김승대 저 | 12,000원

속전속결 엑셀 2010
이형범 저 | 14,000원

속전속결 드림위버 CS3
이늘찬, 이근형 저 | 13,800원

YoungJin.com **Y.**
영진닷컴

YoungJin.com Y.
영진닷컴

눈이 편한 **한글 2007**

1판 1쇄 발행_ 2010년 4월 10일
1판 9쇄 발행_ 2015년 3월 10일

저   자 • 김미영
발 행 인 • 김길수
발 행 처 • (주)영진닷컴
주   소 • 서울특별시 금천구 가산디지털 1로 24 (가산동) 대륭 13차 10층
출판등록 • 2007. 4. 27 제 16-4189호

ISBN 978-89-314-3959-5

http://www.youngjin.com